Siedler

Buch

Nach dem Ende des Zweiten Weltkriegs gehörte Konrad Adenauer zu den ersten, die an den Aufbau eines neuen, demokratischen Deutschlands gingen. In einem Alter, in dem sich andere längst zur Ruhe gesetzt haben, wurde er Vorsitzender der neugegründeten CDU, Präsident des Parlamentarischen Rates und schließlich erster Kanzler der Bundesrepublik. Mit welch ungeheurer Energie er sich seinen Aufgaben widmete, offenbart der umfangreiche Briefwechsel jener Jahre. Aus den mehreren tausend Briefen bietet dieser Band eine repräsentative Auswahl. Hier sind Adenauers vielfältige Aktivitäten unmittelbar zu besichtigen: die Sorge um den zukünftigen Weg Deutschlands, die großen außenpolitischen Entwürfe, aber auch die Alltagsnöte der Nachkriegszeit. Neben dem Staatsmann tritt uns der Privatmann Adenauer entgegen, der Freund und Familienvater von oft rührender Warmherzigkeit und Spontaneität.

Autor

Konrad Adenauer (1876–1967) war von 1917 bis 1933 Oberbürgermeister von Köln, seit 1921 zugleich Präsident des preußischen Staatsrates. 1948/49 Präsident des Parlamentarischen Rates, 1949 bis 1963 Bundeskanzler, 1951–1955 Außenminister, 1950–1966 Vorsitzender der CDU.
Adenauers Werke erscheinen in der Rhöndorfer Ausgabe, herausgegeben von Rudolf Morsey und Hans-Peter Schwarz. Die Briefe der Jahre 1945 bis 1957 liegen in sechs Bänden vor.

Konrad Adenauer

# Briefe über Deutschland

## 1945–1955

*Ausgewählt und eingeleitet von Hans Peter Mensing*

Siedler

Dieser Band enthält eine Auswahl der Briefe Konrad Adenauers aus:
Adenauer – Rhöndorfer Ausgabe, herausgegeben von Rudolf Morsey und Hans-Peter Schwarz im Auftrag der Stiftung Bundeskanzler-Adenauer-Haus.
Briefe 1945–1947, 1947–1949, 1949–1951, 1951–1953, 1953–1955, bearbeitet von Hans Peter Mensing.
Berlin 1983, 1984, 1985, 1987, 1995.

# Inhaltsverzeichnis

# Einführung

Im zerstörten Nachkriegsdeutschland waren Briefe oft die einzige Möglichkeit des Kontaktes und des Gedankenaustausches über die Zonen- und Ländergrenzen hinweg. Mit ihnen wurden erste Lebenszeichen nach Kriegsende und Kapitulation gegeben; familiäre und freundschaftliche Beziehungen wieder angeknüpft; Aufenthaltsorte und Lebensbedingungen von Bekannten ermittelt – oft nur, um Tod, Vertreibung, Kriegsgefangenschaft, auch Emigration festzustellen. In Briefwechseln wurden erste Standortbestimmungen nach der Befreiung vom Nationalsozialismus und Analysen des Hitler-Regimes vorgenommen. Zu ihren inhaltlichen Schwerpunkten gehörten die Auswirkungen und die Überwindung der deutschen Teilung ebenso wie die demokratischen Grundwerte, die gesellschaftliche Neuordnung, der staatliche Neuaufbau, der Umgang mit den Besatzungsmächten und die Zukunftsperspektiven der jungen deutschen Demokratie in den europäischen und atlantischen Bündnissystemen.

Die Briefe Konrad Adenauers aus jenen frühen Jahren (1945–1949) und auch aus der anschließenden Gründungs- und Stabilisierungsphase der Bundesrepublik Deutschland (1949–1955) sind beispielhaft für diese Verflechtung privater und allgemeiner Angelegenheiten. Sie greifen weit über das natürliche öffentliche Interesse hinaus, das die privaten und politischen Papiere eines Staatsmannes seines Zuschnitts ohnehin haben. Häufig genug handelt es sich dabei um Schlüsseldokumente, die für die Einordnung und Bewertung der historischen Entscheidungsprozesse bis zur Zäsur des 5. Mai 1955, mit der die Bundesrepublik ihre Souveränität erlangte, unverzichtbar sind.

Darüber hinaus erweist sich „der alte Herr", der nach der Verfolgungszeit im „Dritten Reich" 1945/46 als 70jähriger in die Politik zurückkehrte, „wider Erwarten als bedeutender Briefschreiber ... Meisterhaft beherrschte er diese heute fast in Vergessenheit geratene Kunst ... Gerade brieflich besaß Adenauer eine breite Palette verschiedenster Ausdrucksformen; vernichtende Objektivität stand ihm ebenso zu Gebote wie persönliche Wärme, ja einfühlsame Herzlichkeit. Er konnte genauso gut einschüchtern, sein Gegenüber Punkt für Punkt festnageln, wie charmant anderen schmeicheln. Alles übrigens immer ganz knapp. Adenauer war schriftlich sparsam: Kein Wort zuviel. Niemals unterliefen ihm undurchdachte Floskeln" (Arnulf Baring).

Doch hat Adenauer seine Korrespondenz nie als großangelegtes, in sich geschlossenes und anspruchsvolles Briefwerk verstanden. Schöne Beschaulichkeit oder gar stilistisches Kalkül im Hinblick auf gefällige Wirkung und Wohlklang lagen ihm fern. Groß allerdings waren die Beständigkeit und die Beharrlichkeit, mit der Adenauer – Akteur und Chronist zugleich – nahezu Tag für Tag die Entwicklung in Deutschland brieflich beeinflußte und kommentierte. Der festen Gewohnheit des morgendlichen

Diktats oder der ruhigen Abendstunde am eigenen Schreibtisch treu, fing er in seinen Briefen minutiös, fast seismographisch die Realitäten in nahezu allen ihren Schattierungen ein, bisweilen auch in reflektierender Distanz zum Alltagsgeschehen (soweit es die Umstände erlaubten, etwa am Wochenende oder während der Auslandsaufenthalte in den Sommerwochen). Dabei kamen eigene Zweifel, vorübergehende Entmutigung und familiäre Schicksalsschläge – besonders der Tod seiner Frau Gussie im März 1948 – nicht weniger zur Sprache als erste politische Erfolgserlebnisse und die immer zielstrebigeren, energischen Schritte seines Aufstiegs zum Präsidenten des Parlamentarischen Rates (1948/49), zum ersten Kanzler und Außenminister der Bundesrepublik Deutschland (1949–1963 bzw. 1951–1955) sowie zum Bundesvorsitzenden der CDU (1950–1966).

Die „Briefe über Deutschland" wurden dem umfangreichen Schriftverkehr der ersten zehn Nachkriegsjahre entnommen, der in der „Rhöndorfer Ausgabe" des Adenauer-Nachlasses ediert worden ist. Die Auswahl gibt im Kern den Themenkanon der Gesamtkorrespondenz dieser Zeit, im Umriß auch die erstaunliche Vielfalt der Adressaten wieder (unter denen die guten alten Bekannten und Wegbegleiter aus den Jahren seiner ersten Karriere als Kölner Oberbürgermeister 1917–1933 und Präsident des Preußischen Staatsrates 1921–1933 hervorragen). Aufgenommen wurden vor allem solche Schreiben, die neben ihrer besonderen Relevanz für Adenauer-Biographie und zeitgeschichtliche Entwicklung ohne aufwendigen wissenschaftlichen Apparat für sich selbst sprechen. Als Orientierungshilfen findet der Leser im Anhang „Biographische Angaben zu den Briefempfängern“ sowie einen „Leitfaden zur Adenauer-Biographie“. Wer sich weiter informieren will, wird auf den Kommentar der zugrundeliegenden Briefbände der „Rhöndorfer Ausgabe“ zurückgreifen können. Zur anregenden, nicht selten aufregenden Lektüre sind auch die zahlreichen anderen Publikationen dieser Editionsreihe zu empfehlen. Welchen Stellenwert die Adenauer-Dokumente für das bessere historische Verständnis unserer Gegenwart gewinnen können, geht aus einem Wortwechsel Helmut Kohl – Michail Gorbatschow hervor. Im Februar 1990, am Vorabend der deutschen Einheit also, erinnerte der damalige Bundeskanzler „an die Aussage von Konrad Adenauer vor 35 Jahren, der darauf hingewiesen habe, daß die deutsche Frage nur unter einem europäischen Dach gelöst werden könne. Adenauer habe Recht behalten. Adenauer verdiene, immer wieder neu gelesen zu werden, erwiderte Generalsekretär Gorbatschow.“ So mündete in die deutschlandpolitische und weltgeschichtliche Wende von 1989/90 ein, was – in Texten dieses Bandes angebahnt – der Gründungskanzler gegen Lebensende mit den Worten beschrieb: „Ich gebe die Hoffnung nicht auf: Eines Tages wird auch Sowjetrußland einsehen, daß diese Trennung Deutschlands und damit die Trennung Europas nicht zu seinem Vorteil ist. Wir müssen aufpassen, ob der Augenblick kommt. Aber wenn ein Augenblick naht oder sich zu nahen scheint, der eine günstige Gelegenheit bringt, dann dürfen wir ihn nicht ungenutzt lassen“ (21. März 1966).

Hans Peter Mensing

*„Man fängt an, zu vergessen, welches Chaos Hitler hinterlassen hat: Deutschland zerschlagen, halb Mittel- und Osteuropa den Sowjets überlassen. Millionen von Gefallenen, Vertriebenen, in den Konzentrationslagern Vernichteten und Millionen von Kriegsgefangenen; Hunger und Elend, Haß gegen Deutschland, Demontage von Ost und West … Es galt daher, die unter Zwangswirtschaft und Besatzungsfolgen niedergedrückten Deutschen wiederaufzurichten, die leibliche und moralische Verelendung zu bekämpfen und vor allem die Westmächte davon zu überzeugen, daß ein vernichtetes, lebensunfähiges Deutschland nur den weltrevolutionären Zielen Stalins zugute kommen werde. Diese wichtigste Vorarbeit zur Aufrichtung Deutschlands mußte in den Jahren vor der Gründung der Bundesrepublik geleistet werden. Ich habe schon in den ersten Nachkriegsjahren gemeinsam rnit allen guten Kräften unseres Volkes daran gearbeitet, vor allem unsere heutigen westlichen Partner davon zu überzeugen, daß eine Erneuerung Europas ohne ein starkes und freies Deutschland unmöglich sein werde.“*

ADENAUER IM INTERVIEW MIT PAUL WILHELM WENGER
(„Rheinischer Merkur“ vom 11. Oktober1963)

Köln bei Kriegsende

## An Hertha Kraus, Bryn Mawr/Pennsylvanien

*10. April 1945*

Liebes Fräulein Kraus!

Meine Frau und ich benutzen die erste Gelegenheit, die sich uns seit Jahren bietet, um Ihnen einen recht herzlichen Gruß zu senden. – Wir hoffen, daß es Ihnen nach wie vor gut geht. –

Wir haben schwere Zeiten hinter uns. Meine Frau war im September 44 einige Zeit im Gefängnis, ich war bis Ende November 1944 drei Monate im Conztr.Lager und dann im Gestapogefängnis in Brauweiler. Wenn der Vormarsch der amerikanischen Armee nicht so überraschend hier in unserer Nähe erfolgt wäre, würde ich wohl von der Gestapo verschleppt und umgebracht worden sein. Unsere drei Söhne sind leider noch im Felde, und wir sind ihretwegen in großer Sorge.

Ich habe eine sehr große Bitte an Sie: Kommen Sie doch wenigstens für einige Zeit, sobald als eben möglich, herüber! – Ich könnte mir denken, daß das ein großes Opfer für Sie bedeuten würde. Aber ich kenne ja Ihre Hilfsbereitschaft und Ihre Arbeitsfreudigkeit; Sie kennen unser Land, und Sie kennen USA. Ich glaube, Sie könnten sowohl der Stadt Köln wie Deutschland und unsern gemeinsamen Idealen sehr wertvolle Dienste leisten. Also kommen Sie bitte recht bald! Vielleicht ist es Ihnen möglich, auf demselben Wege, auf dem dieser Brief hoffentlich in Ihre Hände gelangt, mir eine Antwort zukommen zu lassen. Meine Frau und ich grüßen Sie recht herzlich.

Wie immer Ihr
K. Adenauer

### An Paul Silverberg, Lugano

*27. Mai 1945*

Lieber Herr Silverberg!

Erst jetzt habe ich die Gelegenheit, Ihnen ein Lebenszeichen zukommen zu lassen. Es waren sehr schwere Monate. Daß ich Ende November aus dem Gefängnis entlassen worden bin, habe ich Ihnen seiner Zeit mitteilen können. Es war mir angedroht worden, daß ich beim Näherrücken der Alliierten sofort wieder verhaftet und nach dem Innern des Landes transportiert werden würde. Glücklicherweise kamen die Amerikaner so unvermutet über die Brücke Remagen-Erpel, daß zu einer derartigen Maßnahme der Gestapo keine Zeit mehr blieb. Wir haben aber sehr unter den Kämpfen gelitten, da das Siebengebirge bis zum letzten Haus verteidigt werden sollte. Der Kampf hat hier mitten zwischen Honnef-Rhöndorf mehrere Tage gestanden, wir haben unter schwerstem amerikanischem Granatfeuer von der linken Rheinseite her gestanden, später unter deutschem Feuer. Wir haben mehrere Treffer ins Haus bekommen, sind aber trotz ständiger Lebensgefahr persönlich unverletzt geblieben. Die „Befreiung“ hat sich anders vollzogen, als ich ursprünglich angenommen hatte, trotzdem ich keineswegs optimistisch war. Man wollte mich dann nach Köln holen, ich habe aber mehrfach abgelehnt und erst seit dem 4. 5. auf intensives Drängen der Amerikaner das Amt eines Oberbürgermeisters übernommen mit dem Vorbehalt, daß ich jederzeit berechtigt sei, das Amt wieder niederzulegen. Ich wohne noch in Rhöndorf, fahre zum Wochenende von Köln nach hier. Wie Köln aussieht, lassen Sie sich am besten durch Herrn v[on] W[eiss] mündlich schildern. Die Stadt hat noch durch die letzten Luftangriffe im März sehr schwer gelitten. Die Verwaltung haben die Nazis in einem geradezu skandalösen Zustand zurückgelassen, man muß buchstäblich ganz von vorn wieder anfangen. Es ist unbeschreiblich schwer.

Es sieht überall sehr bös aus. Man kann sich noch gar kein Bild machen, wie alles werden soll. Auch die politische Lage ist, wie Sie wissen werden, sehr schlecht und daher eine Ankurbelung der Wirtschaft in Deutschland sehr ungünstig. Es würde zu weit führen und sogar unmöglich sein, das alles schriftlich wiederzugeben.

Ihre Erfahrung und Klugheit fehlt uns sehr, nicht nur der Braunkohlenindustrie, der Industrie in Köln, sondern der ganzen Industrie im Westen. Es wäre daher für uns alle außerordentlich wertvoll, wenn Sie baldmöglichst zurückkommen würden. Ich darf Ihnen allerdings als Ihr Freund nicht verhehlen, daß der Aufenthalt und die Arbeit in Deutschland ein sehr großes persönliches Opfer bedeuten würde. Ob ich Ihnen dazu raten darf, weiß ich nicht. Ich kann Ihnen nur die Verhältnisse schildern, wie sie sind – Herr von Weiss wird sicher mündlich diese Schilderung ergänzen können –, und Ihnen nochmals sagen, daß ich

und viele mit mir Ihr Kommen von ganzem Herzen begrüßen würden.
Herr Pferdmenges ist noch nicht zum Vorschein gekommen. Er soll sich auf dem Landgute eines Freundes bei Magdeburg aufhalten, ob das richtig ist, weiß ich nicht. Es wundert mich, daß man noch gar nichts von ihm gesehen und gehört hat, ich bin deswegen etwas in Besorgnis um ihn.
Mein Sohn Konrad war Februar noch in Norwegen, mein Sohn Max im Schwarzwald, wir haben noch nichts von ihnen gehört. Mein Sohn Paul war bei Berlin, vor einigen Tagen hörte ich, daß er – er ist Sanitäter – in Ballenstedt Harz in amerikanischer Gefangenschaft ist. Meine anderen Kinder wünschen sehnlichst, möglichst bald wieder auf die Schule bzw. die Universität gehen zu dürfen, davon kann aber einstweilen noch keine Rede sein.
Meine Frau und ich grüßen Sie sehr herzlich. Sie bald zu sehen, wäre uns eine wirklich große Freude.

Wie immer Ihr
K. Adenauer

AN KARL LUDWIG SCHMITZ, DÜSSELDORF

*18. Juni 1945*

Sehr geehrter Herr Doktor!

Es hat mich gefreut, aus Ihrem Briefe vom 15. Mai, der vor einigen Tagen in meine Hände kam, zu ersehen, daß es Ihnen leidlich geht. Auch ich bin Ihrer Ansicht, daß der Materialismus, der seit über 100 Jahren immer mehr in Deutschland zur Herrschaft gekommen ist, an unserem ganzen Unglück die Hauptschuld trägt. – Ob ich in der Lage sein werde, Ihnen die Möglichkeit zur Betätigung zu geben, weiß ich noch nicht; ich bitte aber, nicht damit zu rechnen. Unsere ganze Zukunft ist zur Zeit für irgendwelche Pläne zu unklar.

Mit ergebenem Gruße
(Dr. Adenauer)
Oberbürgermeister

AN HANS RÖRIG, BERN

*5. Juli 1945*

Sehr geehrter Herr Rörig!

Ihren Brief habe ich erhalten. Es wird sicher möglich sein, Ihnen bis auf weiteres innerhalb der Verwaltung der Stadt Köln, oder an sie angegliedert, eine befriedigende Tätigkeit zu geben. Also kommen Sie ruhig herüber. Wie ist es mit der Wohnungsfrage? Ich komme zunächst mit einer persönlichen Bitte: Mein Sohn, Dr. jur. Konrad Adenauer, 40 Jahre alt, verheiratet, Vater zweier Kinder, vorher kaufmännischer Direktor bei der Fabrik Talbot in Aachen, Gefreiter, Feldpostnummer 21851 G, war zuletzt in Brontan in Norwegen. Die letzten Nachrichten, die wir von dort haben, sind vom 17. 2. 1945. Er wird, wie wir hoffen, in englischer Kriegsgefangenschaft sein. Nach den Mitteilungen des Londoner Senders wird der Abtransport der Kriegsgefangenen aus Norwegen am 20. Juli beginnen. Wäre es nicht möglich, durch Ihre Londoner Verbindungen zu erreichen, daß er baldmöglichst aus der Kriegsgefangenschaft entlassen wird? Ich würde Ihnen sehr

dankbar sein. Vielleicht können Sie sich zu diesem Zwecke an Clive wenden. Ob er noch lebt, weiß ich natürlich nicht. Er war 37 noch Hofmarschall im Palace Buckingham. Mein Sohn Max hat ihn damals dort besucht. Ich kenne ihn aus der früheren Besatzungszeit. Er hat die freundschaftlichen Beziehungen, die sich damals zwischen uns angebahnt haben, fortgesetzt.
Ich glaube sicher, daß er mir gern einen Gefallen tut. Vielleicht kann auch Prof. J[ä]ckh irgendwie helfen. Evtl. werden Sie auch noch andere Stellen wissen. Ich würde mich an Clive und J[ä]ckh unmittelbar wenden, aber ich weiß nicht ihre Adressen, und es ist so schwierig, einen Brief an sie zu befördern. Bitte sehen Sie zu, was Sie in dieser Angelegenheit tun können. Wir alle sind Ihnen von Herzen dankbar. Die folgende Mitteilung bitte ich, streng vertraulich zu behandeln. Ich sehe die Entwicklung in Deutschland mit [steigender] Sorge. Rußland läßt einen eisernen Vorhang herunter. Ich glaube nicht, daß es sich bei der Verwaltung der Hälfte Deutschlands, die ihm überantwortet ist, von der Zentralen Kontrollkommission irgendwie beeinflussen lassen wird. Die weiterblickenden englischen und amerikanischen Stellen teilen wohl diesen Standpunkt, denn sie haben keine Hoffnung, in Zukunft aus diesem Teil Deutschlands noch Zufuhren an Lebensmitteln zu erhalten. Hinsichtlich der Verwaltung der britischen, der amerikanischen und der demnächstigen französischen Zone herrscht ein verhängnisvolles Durcheinander. Ich glaube wohl, daß die Mehrzahl der militärischen Stellen, die sich z. Zt. mit der Verwaltung dieser Gebiete befaßt, nicht schlechten Willen hat, aber es geht

Das Wohnhaus der Familie Adenauer

ihnen völlig ab die Kenntnis Deutschlands, Verwaltungserfahrung, namentlich die Einsicht dafür, was auch dieses Restdeutschland für Europa, insbesondere für Mitteleuropa und damit für England und Frankreich und letzten Endes auch für Amerika bedeutet. In wirtschaftlicher Hinsicht ist man über die allerkümmerlichsten Anfänge noch nicht hinausgekommen. So wird es Sie interessieren, daß die Förderung im Industriegebiet 10% normal beträgt und daß von diesen 10% 7% nach Frankreich gehen. Daß mit dem Verbleib der 3% die Wirtschaft nicht angekurbelt werden kann, auch nicht der Eisenbahnverkehr, daß kein Hausbrand zur Verfügung stehen wird, brauche ich nicht zu sagen. Ich befürchte, daß diesen Winter in Deutschland Millionen Menschen an Hunger und Kälte sterben werden. Hungerödeme als Todesursache sind schon jetzt nicht selten. In verwaltungsmäßiger Hinsicht scheint man darauf hinauszugehen, kleine Verwaltungseinheiten zu bilden, die unter einer Art Staatsregierung verwaltet werden sollen. So ist z.B. die Rheinprovinz aufgeteilt. Die Regierungsbezirke Koblenz und Trier heißen jetzt Südrheinprovinz, die Reg. Bezirke Köln, Düsseldorf und Aachen Nordrheinprovinz. Diese Nordrheinprovinz steht unter Oberpräsident Fuchs, der sich eine Art Staatsregierung bilden mußte und sich nun anschickt, die Geschäfte der früheren zentralen Reichsregierung und preußischen Regierung zu übernehmen. Man erwägt dort Maßnahmen wie Abstempelung der Banknoten und dergl., Einführung neuer allgemeiner Steuern u.s.f. Daß es ein Unding ist, in einem derartig kleinen Raum derartige Maßnahmen zu planen, brauche ich Ihnen nicht zu sagen. Anscheinend soll es auch nicht etwa bei der inoffiziellen verlautbarten, angekündigten „Aufsicht“ der Besatzungsbehörden bleiben, sondern diese wollen direkt regieren, d. h. jede Anordnung des Oberpräsidenten vorher genehmigen. In Hamburg machen sich starke Bestrebungen geltend, einen selbständigen Stadtstaat zu errichten. Guten Nachrichten zufolge sollen diese Bestrebungen von den Engländern unterstützt werden. Von Bayern gilt das gleiche. Kurz, die ganze Lage ist äußerst besorgniserregend. Es scheint mir dringend notwendig zu sein, daß jetzt, nachdem die Wahlen in England vorbei sind, einsichtige und maßgebliche Leute von dort, sei es von der Presse, sei es von der Regierung oder von der Wirtschaft, nach hier kommen, um an Ort und Stelle die Probleme zu studieren. Ich bitte Sie sehr, helfen Sie doch, daß solche Leute [auch] zu mir kommen. Mein Urteil ist, wie ich hoffe, ganz ungetrübt von Ehrgeiz. Ich beabsichtige nichts anderes zu werden oder zu sein, als Oberbürgermeister der Stadt Köln und auch das nur für eine beschränkte Zeit, bis ich den Wiederaufbau der Stadt in seinen Anfängen wenigstens gesichert habe. Andererseits ist meine politische Vergangenheit ja einwandfrei, und ich glaube daher, wohl als guter Berater dienen zu können und angesehen zu werden. Vielleicht ist es in diesem Zusammenhange wichtig, Ihnen zu sagen, daß ich auf der in Washington aufgestellten Weißen Liste für Deutschland an erster Stelle stand. Benutzen Sie also bitte die Postmöglichkeiten, die Sie jetzt von der Schweiz aus haben, und setzen Sie im Interesse der deutschen, aber auch der europäischen Sache alle Hebel in Bewegung.

Von Herrn von Weiß höre ich, wie es Ihnen und Ihrer Gattin geht. Uns geht es leidlich, wir haben viel Schweres durchmachen müssen.
Ich hoffe, Sie also in absehbarer Zeit hier zu sehen, und grüße Sie und Ihre Gattin herzlichst,

Ihr
Adenauer

[P. S.] Vielleicht haben Sie auch Verbindung zu Herrn v. Stutterheim, der, soviel ich weiß, mit Eden verschwägert ist.
Von Interesse dürfte auch für Sie sein, daß wir versuchen, nachdem Leipzig durch die russische Besetzung von der Verbindung mit der britisch-amerikanisch-französischen Zone bis auf weiteres abgeschlossen ist, die Buchhandelszentrale für diesen Teil nach Köln zu bekommen.
Wichtig würde es für uns sein, wenn die Schweizer Verlage und Buchhandlungen der verschiedensten Richtungen, namentlich auch diejenigen, die wissenschaftliche Bücher verlegt haben, selbständige Niederlassungen in Köln errichteten, sobald das möglich ist. Wenn Sie nach der Richtung etwas tun können, so würde ich Ihnen dafür sehr dankbar sein.
Würde es Ihnen möglich sein, den Verleger Hegner, der, wie mir gesagt wurde, in London ist, in Verbindung mit uns zu bringen?

## An Karl Scharnagl, München

*21. August 1945*

Sehr verehrter Herr Scharnagl,

Es wird Sie und die übrigen Herren dort, worunter ich vor allem Herrn Schäffer und Hipp rechne, interessieren, über die parteipolitischen Entwicklungen im Westen zu hören. Nach langen und eingehenden Verhandlungen und Aussprachen ist man an mehreren Orten, so am 19. 8. 45 in Köln, zur Gründung einer neuen Partei, der Christlichen-Demokratischen Partei, geschritten. Für Rheinland und Westfalen wird die Gründung am 2. 9. 45 in Köln bezw. Wattenscheid stattfinden. Mit ganz überwiegender Mehrheit ist allenthalben beschlossen worden, den Namen Zentrum und seine Organisation zu Gunsten der neuen Partei aufzugeben.

Die grundlegenden Prinzipien der neuen Partei sind folgende:

1.) Führung des Staates auf christlicher Grundlage, d. h. nach den Prinzipien, wie sie sich auf der Grundlage des Christentums in einer Jahrhunderte langen Entwicklung in Europa herausgebildet haben.

2.) Demokratie.

3.) Betont fortschrittliche soziale Reform und soziale Arbeit, nicht Sozialismus.

Von protestantischer Seite ist der Plan der Gründung dieser Partei von Anfang an begrüßt und gefördert worden. Das gilt gleichermaßen von demjenigen Teile der Protestanten, der kirchenfrei gerichtet ist, wie von den Angehörigen und Führern der Bekenntniskirche.

Die Kölnischen Protestanten unter Führung des Herrn

Superintendenten Encke werden heute Fühlung mit führenden evangelischen Kreisen Süddeutschlands, insbesondere mit Herrn Bischof Dr. Wurm, aufnehmen, um dort auch diese Kreise für die neue Partei zu gewinnen. Sie zweifeln nicht, daß sie hiermit Erfolg haben werden. Ich traf vor einiger Zeit den Vorsitzenden des Caritas-Verbandes, Prälat Kreutz, Freiburg, der ebenfalls diese Entwicklung sehr begrüßte und meinte, daß sie in Baden, mit dem übrigens schwer Fühlung zu nehmen ist, ebenfalls durchaus begrüßt werden würde. Nun komme ich heute zu Ihnen und den andren Herren in Bayern mit der Bitte, sich dieser Entwicklung anschließen zu wollen. Ich halte sie im Interesse Deutschlands für absolut notwendig. Sie werden dort, wie wir hier, die Erfahrung gemacht haben, daß die Kommunistische Partei, begünstigt durch die allgemeine sehr schlechte Lage, mit ihrer skrupellosen Agitation großen Erfolg hat. Die sozialdemokratische Partei hat zwar noch an einzelnen Stellen führende Leute von früher, die gern die Sozialdemokratie auf ihrer alten Bahn, d. h. getrennt von den Kommunisten, halten möchten. Es scheint aber nicht, als ob das auf die Dauer möglich sein würde. So haben z. Bsp. sowohl in Köln wie in Düsseldorf Sozialdemokraten und Kommunisten eine politische Arbeitsgemeinschaft geschlossen. Dieser parteipolitischen Entwicklung gegenüber würde eine solche christlich-demokratische Partei eine sehr große Bedeutung und einen sehr großen Einfluß haben.

Ich und sehr viele mit mir würden es sehr bedauern, wenn gegenüber einer so starken Verbindung, wie die Sozial-Demokraten und Kommunisten darstellen, die Vertreter

der christlichen Grundsätze sich in deren Parteien zersplittern und somit ihre Bedeutung und ihren Einfluß selbst mindern würden.
Allein eine Zusammenfassung in einer solchen Partei würde gegenüber achristlichen Parteien die Vertreterin des christlichen Prinzips sein, und ich glaube, daß unser Volk nur dann wieder gesunden kann, wenn in ihm das christliche Prinzip wieder herrschen wird.
Ich glaube weiter, daß lediglich dadurch ein starker Widerstand gegen die Staatsform und Ideenwelt des Ostens – Rußland – und ein gedankenmäßiger und kultureller und damit auch ein außenpolitischer Anschluß an West-Europa gesichert werden kann.
Was das Programm der Christlichen-Demokratischen Partei angeht, so war man sich darüber einig, daß es unmöglich sei in einer derartig fluktuierenden Zeit wie der gegenwärtigen, ein ins Einzelne gehendes Parteiprogramm aufzustellen. Man läuft sonst Gefahr, daß schon in wenigen Monaten jetzt genau festgelegte Sätze und Forderungen über Bord geworfen werden müßten. Man will deshalb sich bei der Formulierung des Programms darauf beschränken, in der Hauptsache die tragenden Grundgedanken, wie ich sie oben spezifiziert habe, festzulegen. Man glaubt weiter, daß eine außerordentlich große Anziehungskraft die Namen der Unterzeichner eines demnächst zu erlassenden Aufrufs haben würden. Man will deshalb möglichst gute und bekannte Persönlichkeiten aus dem ganzen, nicht von Rußland besetzten Teile Deutschlands zu gewinnen suchen. Wir glauben, daß zu dieser Partei große Kreise kommen werden, die nicht dem

Zentrum angehört haben, im Laufe der Entwicklung auch rechtsgerichtete Teile der heutigen Sozialdemokratie.
Gegenüber Strömungen, die die frühere Bayerische Volkspartei beibehalten wollen, kann man m. E. mit Recht sagen, daß jede Zersplitterung der Anhänger des christlichen Gedankens seine empfindliche Schwächung bedeuten würde.
Falls aus den Verhältnissen Bayerns heraus eine dort entstehende Bayerische Landesgruppe für sich einige mit dem übrigen Inhalt des noch genauer festzustellenden Parteiprogramms nicht in Widerspruch stehende besondere Punkte wünscht, so würde dem m. E. nichts entgegenstehen. Man muß natürlich immer darauf bedacht sein, daß die Einheit der Partei und die Geschlossenheit ihrer Führung nicht darunter leiden darf.
Ich bitte Sie und die anderen Herren, immer wieder bei Ihren Überlegungen sich zu vergegenwärtigen, daß allein diese geplante Zusammenfassung aller auf christlicher und demokratischer Grundlage stehenden Kräfte uns vor aus dem Osten drohenden Gefahren schützen kann.
Es wird Sie interessieren zu hören, daß diejenigen Bischöfe, die unlängst in Werl in Westfalen versammelt waren, sich auch dafür ausgesprochen haben, Namen [und] Organisation des Zentrums zu Gunsten einer neu zu gründenden Partei fallen zu lassen.
Ich habe nichts dagegen, wenn Sie von diesen meinen Ausführungen in Ihnen geeignet erscheinender Weise vertraulich Gebrauch machen. Ich würde mich ganz außerordentlich freuen, wenn wir von dort her möglichst bald ein zustimmendes Echo hören und dann Herren von

Ihnen und uns in persönlichen Kontakt treten könnten. Prälat Dr. Müller-Hohenlind vom Caritas-Verband wird Anfang September, nach 5. 9., bei Ihnen vorsprechen. Vielleicht ist Ihnen möglich, ihm eine Antwort mitzugeben.
Seien Sie herzlichst gegrüßt von Ihrem ergebenen

Dr. Adenauer
Oberbürgermeister

AN ADOLF BUSCH, NEW YORK

*August 1945 (ohne Tagesdatum)*

Sehr geehrter Herr Busch,

in Ihrer Heimat sieht es traurig aus. Das gilt im besonderen von Köln. Die Stadt ist stark zerstört. Alle alten Kirchen sind beschädigt, die meisten schwer. Auch der Dom hat stark gelitten. Dreiviertel aller Wohnungen sind ebenfalls zerstört. Als die Amerikaner einzogen, waren nur noch achtzigtausend Einwohner in Köln. Aber die Heimatliebe der Kölner ist so stark, daß wöchentlich etwa fünfzehntausend zurückkehren. Wir alle wollen uns die größte Mühe geben, Köln wieder zum Horte der rheinischen Kultur und des rheinischen Geistes zu machen.
Ich bitte nun Sie und Ihre Brüder, uns dabei zu helfen. Ich habe nur Ihre Adresse, darum wende ich mich an Sie. Unser Städtisches Orchester ist im wesentlichen intakt. Wir suchen einen Dirigenten. Würde Ihr Bruder Fritz dafür in Frage kommen? Auch die Musikhochschule wird wieder erstehen. Würden Ihr Bruder Hermann oder Sie dafür in Frage kommen? Bitte, geben Sie mir Nachricht

auf dem gleichen Wege, wie dieser Brief an Sie gelangen wird.
Mit vorzüglicher Hochachtung bin ich Ihr sehr ergebener

Dr. Adenauer, Oberbürgermeister

An Robert Pferdmenges, Köln

*6. Oktober 1945*

Lieber Herr Pferdmenges,

Eben wurde mir von dem Brigadier beim Oberpräsidium der Nord-Rheinprovinz eine in scharfem Ton gehaltene Verfügung vorgelesen, in der mir mitgeteilt wurde, daß ich das in mich gesetzte Vertrauen wegen Wohnungsbau, Schutt, der Versorgung vor dem Winter nicht gerechtfertigt habe und daher ab heute meines Amtes enthoben sei. Zum kommissarischen Vertreter der Stadt Köln ist Bürgermeister Suth ernannt, dem ich die Geschäfte zu übergeben habe. Ich habe bis spätestens 14. 10. 45 die Stadt Köln zu verlassen.
Jede direkte oder indirekte politische Betätigung ist mir verboten, bei Zuwiderhandlungen werde ich vor das militärische Gericht gestellt.
Nach der Verlesung erklärte mir der Brigadier, der Ton sei vielleicht schärfer als sie gewollt hätten. Ob ich etwas zu sagen habe. Ich habe geantwortet: Nein. Habe den Empfang der Verfügung quittiert und packe ein.
Nächste Woche komme ich nochmals zu Ihnen und hoffe Sie dann zu sehen. Mit vielen Grüßen an Ihre Frau

Ihr
A[denauer]

## An Heinrich Weitz, Duisburg

*31. Oktober 1945*

Lieber Herr Weitz!

Haben Sie von Herzen kommenden Dank für Ihren Brief vom 14. 10. 45. Die daraus sprechende Anteilnahme an meinem Ergehen hat mir sehr wohlgetan. Ob es etwas Gutes war, was mir widerfahren ist, ob etwas Schlechtes, wer kann es sagen? Natürlich ist das plötzliche Stillegen nach angestrengtester Tätigkeit ein starker Eingriff. Meine Frau habe ich krank in Köln im Caritashaus zurücklassen müssen. Ich darf sie dreimal in der Woche im Hospital besuchen, sonst darf ich ja nicht nach Köln. Sie wird am 3. 11. nach hier zurückkehren, wird aber noch längere Zeit sorgsamster Behandlung bedürfen.
Im heutigen Deutschland wird sehr viel geredet. Es nimmt mich daher kein Wunder, daß sich [die] Fama auch meiner mysteriösen Angelegenheit bemächtigt hat. Ich selbst kenne die Gründe nicht. Nachträglich ist das Verbot politischer Betätigung dahin gemildert worden, daß ich mich jeder politischen Betätigung „innerhalb des Regierungsbezirks Köln" zu enthalten habe.
Wenn behauptet wird, ich sei ein Freund der de Gaulleschen Pläne, so kann ich nur sagen, daß ich immer gegen Bildung eines Pufferstaates gewesen bin und in alle Zukunft sein werde. Am besten gibt Ihnen über meine Einstellung zur außenpolitischen Lage die Anlage Auskunft. Ich habe sie nach einem Interview mit englischen und amerikanischen Journalisten als den Extrakt meiner Ausführungen niedergeschrieben. Richtig ist, daß ich sowohl gegenüber englischen, amerikanischen und dänischen

Journalisten ziemlich offen gesprochen habe. Es wird uns immer sehr freuen, Sie und Ihre Gattin bei uns zu sehen. Alles Gute und recht herzliche Grüße von Haus zu Haus stets Ihr

Adenauer

Anlage zum Schreiben an Weitz:
„Meine Einstellung zur außenpolitischen Lage"

*Rußland* hat in Händen: die östliche Hälfte Deutschlands, Polen, den Balkan, anscheinend Ungarn, einen Teil Österreichs.

Rußland entzieht sich immer mehr der Zusammenarbeit mit den andern Großmächten und schaltet in den von ihm beherrschten Gebieten völlig nach eignem Gutdünken. In den von ihm beherrschten Ländern herrschen schon jetzt ganz andere wirtschaftliche und politische Grundsätze als in dem übrigen Teil Europas.

Damit ist eine Trennung in Osteuropa, das russische Gebiet, und Westeuropa eine Tatsache.

In Westeuropa sind die führenden Großmächte England und Frankreich. Der nicht von Rußland besetzte Teil Deutschlands ist ein integrierender Teil Westeuropas. Wenn er krank bleibt, wird das von schwersten Folgen für ganz Westeuropa, auch für England und Frankreich sein. Es liegt im eigensten Interesse nicht nur des nicht von Rußland besetzten Teiles Deutschlands, sondern auch von England und Frankreich, Westeuropa unter ihrer Führung zusammenzuschließen, den nicht russisch besetzten Teil Deutschlands politisch und wirtschaftlich zu beruhigen und wieder gesund zu machen.

Eine Lostrennung Rheinlands und Westfalens von Deutschland dient diesem Zwecke nicht, sie würde das Gegenteil herbeiführen. Man würde eine östliche politische Orientierung des nichtrussisch besetzten Teiles Deutschlands herbeiführen.

Dem Verlangen Frankreichs und Belgiens nach Sicherheit kann auf die Dauer nur durch wirtschaftliche Verflechtung von Westdeutschland, Frankreich, Belgien, Luxemburg, Holland wirklich Genüge geschehen. Wenn England sich entschließen würde, auch an dieser wirtschaftlichen Verflechtung teilzunehmen, so würde man dem doch so wünschenswerten Endziele ›Union der westeuropäischen Staaten‹ ein sehr großes Stück näherkommen.

Zum staatsrechtlichen Gefüge des nicht von Rußland besetzten Teiles Deutschlands: Ein vernünftiges staatsrechtliches Gefüge besteht zur Zeit überhaupt nicht, es muß wiederhergestellt werden. Die Schaffung eines zentralisierten Einheitsstaates wird nicht möglich, auch nicht wünschenswert sein, der staatsrechtliche Zusammenhang kann lockerer sein als früher, etwa in der Form eines bundesstaatlichen Verhältnisses.

## An Mitglieder des Landesvorstands der CDU Rheinland

*6. Januar 1946*

1.) Der Gedanke, dem Vorsitzenden des Zonenausschusses auch eine einflußreiche Stellung in der Landesparteiorganisation seiner Heimatprovinz zu geben, ist richtig.

5. Januar 1946 (70. Geburtstag Adenauers)
v.l.n.r.: Gisela, Max, Lotte, Gussie und Georg Adenauer, Ria und Walter Reiners, Konrad, Libet und Paul Adenauer, Jan Reiners

2.) Die Verbindung der Stellung des Vorsitzes des Zonenausschusses mit dem Vorsitz der Partei der Provinz übersteigt höchstwahrscheinlich die Kräfte auch eines in den besten Jahren stehenden Mannes.
3.) In der Parteiorganisation der Nordrheinprovinz ist sehr viel Arbeit rückständig.
4.) Ich verstehe wenig vom Aufbau der Organisation.
5.) Ich bin siebzig Jahre alt. Mit siebzig Jahren muß man, auch wenn man rüstig ist, mit seinen Kräften haushalten.
6.) Es ist ökonomischer, meine Kräfte einzusetzen und zu reservieren für die großen Aufgaben, die z. Zt. und in der nächsten Zukunft zu lösen sind, z. B.

a) Einigung mit dem Zentrum,
b) Herstellung einer engen Verbindung mit der Union in Bayern und der französischen Zone – die Parteien werden in der französischen Zone in der nächsten Zeit gestattet –,
c) staatliche Ordnung in der britischen und anderen Zonen, außenpolitische Fragen,
d) Presse,
e) Wirtschaftliche Zukunft.

7.) Ich komme daher auf meinen Vorschlag zurück: [Vorsitz im] Zonenausschuß und Vorsitz in dem Gremium, das als Ausschuß des großen Vorstandes zur engen Mitarbeit mit dem engeren Vorstand geschaffen wird.
8.) Wenn dieser Vorschlag keine Zustimmung findet und wenn man darauf besteht, daß ich auch den Vorsitz in der Landespartei übernehmen soll, so kann ich das nur dann tun, wenn ich für die großen und entscheidenden Fragen sowohl des Zonenausschusses wie der Landespartei wirk-

lich frei bin. Das setzt voraus, daß unter mir in der Landespartei ein Mann arbeitet, der die dazu nötigen Eigenschaften hat, mein volles Vertrauen besitzt und der seine ganze Kraft zur Verfügung stellt. Eine Eingliederung in die Parteihierarchie brauchte nicht zu erfolgen, wenigstens zunächst nicht, er könnte als mein Bevollmächtigter handeln.

9.) Nach gründlicher Überlegung kann ich als geeignet hierfür nur Dr. Ernst Schwering bezeichnen. Wenn es absolut notwendig erscheint, daß er in der Verwaltung der Stadt Köln bleibt – je nachdem die Neuordnung der Verwaltung der Stadt Köln erfolgt, kann man ihm das weder zumuten, noch würden es unsere Wähler verstehen, wenn er unter bestimmten Umständen bliebe –, so kann man ihn vielleicht dadurch entlasten für eine gewisse Zeit, daß man die Personalien unter ihm einem anderen (Rings?) überträgt. Soviel ich weiß, ist die SPD unter den gehobenen Stellungen in einem ihre Stärke übersteigenden zahlenmäßigen Ausmaß vertreten.

Die bei Herrn Ernst Schwering in der letzten Zeit hervorgetretene Neigung zur sarkastischen Kritik wird abflauen.

10.) Jedenfalls werde ich mich nicht zur Übernahme des Vorsitzes im Zonenausschuß und des Vorsitzes in der Landespartei bereit finden auf Grund einer allgemeinen Erklärung, man werde die Landespartei so besetzen, daß meine Bedingung zu 8) erfüllt werden würde. – Ich wenigstens kenne keinen Mann, der in Köln wohnt, die unumgänglich notwendigen Voraussetzungen erfüllt und noch nicht parteimäßig an einer sehr wichtigen Stelle schon völlig eingesetzt ist.

11.) Eine Gliederung der Parteiorganisation nach Regierungsbezirken bzw. im Regierungsbezirk Düsseldorf nach den beiden Hälften des Regierungsbezirkes erscheint notwendig.
12.) Der Aufbau der Partei ist zur Zeit die vordringlichste aller Forderungen.
13.) Nach den Wahlen, die sicher im Jahre 1946 sein werden, kann eine Neuordnung aller Fragen lokaler und überörtlicher Natur erfolgen.

## An Hans Schlange-Schöningen, Lütjenburg

*29. Januar 1946*

Sehr geehrter Herr Schlange-Schöningen!

Am 26. 1. 46 bat ich Sie telegraphisch, die Drucklegung der Broschüre, die Sie mir am 24. 1. 46 in Herford freundlichst übergaben, zurückzustellen. Ich darf Ihnen in folgendem die Gründe meiner Bitte darlegen.
1. An zwei Stellen, in den Rundschreiben 1 und 2, wird das alte Zentrum „ultramontan“ genannt. Von jeher wurde diese Bezeichnung von den Mitgliedern der früheren Zentrumspartei als beleidigend empfunden. Ich bin überzeugt davon, daß es Ihnen völlig ferngelegen hat, irgend jemanden durch den Gebrauch dieses Wortes zu kränken, aber es dürfte wohl richtig sein, den Gebrauch dieses Wortes ganz zu vermeiden.
2. Im Rundschreiben Nr. 1 heißt es: „Wir können der Sozialdemokratie nur aufrichtig wünschen, daß es ihr gelingen möge, in klarer Frontstellung gegen die Kommunisten

die große, bejahende Arbeiterpartei zu werden, etwa wie England sie in der Labourpartei besitzt." Dieser an die SPD gerichtete Wunsch verkennt m. E. völlig, daß die CDU mindestens mit demselben Recht die Handarbeiter zu ihren Mitgliedern zählt und zählen muß wie die SPD. Auch die Gleichstellung der SPD mit der Labourpartei ist nicht zutreffend. Soweit ein Vergleich zwischen Parteien verschiedener Länder möglich ist, glaube ich, daß hinsichtlich Wählerschaft und Abgeordneten der Labourpartei eine Parallele zwischen ihr und der CDU viel eher gezogen werden kann als zwischen ihr und der SPD. – Die Veröffentlichung und Verbreitung dieser im Rundschreiben Nr. 1 ausgesprochenen Ansichten wird – das glaube ich mit Bestimmtheit sagen zu können – in den breitesten Schichten der CDU schärfsten Widerspruch hervorrufen.

3. An mehreren Stellen in allen Rundschreiben ist von der christlich-demokratischen Aufbaupartei, dann von der Union die Rede als von einer „Rechts"partei. Das ist m. E. nicht richtig. Ich fürchte auch hier sehr scharfen Widerspruch von breitesten Schichten der CDU, wenn von so angesehenen Männern wie Sie eine derartige Anschauung über das Wesen der CDU verbreitet wird. „Rechtspartei" und „Linkspartei" sind relative Begriffe, die man zweckmäßiger Weise m. E. überhaupt gegenüber jeder Partei vermeidet, bis ein festes Gefüge mehrerer Parteien entstanden ist. Wir wissen aber gar nicht, welche Parteien sich noch in Deutschland bilden werden, noch, wie sie stehen werden. Die Bezeichnung „Rechts" „Links" oder die Worte „alle Kreise rechts von der Sozialdemokratie" geben m. E. ein unzutreffendes Bild von unserer Partei.

Sie verleiten den, der von früher her mit den Worten „Rechts“ „Links“ eine bestimmte Vorstellung verbindet, sich eine falsche Vorstellung von unserer Partei zu machen, auf sie würde, wenn man frühere Bezeichnungen überhaupt gebrauchen will, noch am ehesten das Wort „Mitte“ zutreffen. – Wir werden in der nächsten Sitzung des Zonenausschusses ein Parteiprogramm feststellen. Nach diesem Programm wollen wir arbeiten, nach diesem Programm und nach unserer Arbeit sollen uns die Wähler beurteilen.

[4.] In Ihren Rundschreiben wird der Gedanke, alle rechts von der Sozialdemokratie Stehenden zu sammeln, der Sammlungsgedanke, an verschiedenen Stellen stark unterstrichen. Es könnte daraus der Eindruck entstehen, daß der Sammlungsgedanke unser Leitgedanke sei. Wir dürfen aber m. E. keine *Sammelpartei* sein, sondern wir müssen eine Partei sein mit eigenem, neuen Programm. Auf „Sammlung“ als Fundament läßt sich keine neue Partei aufbauen, weil „Sammlung“ nichts in die Zukunft Weisendes ist.

Eine neue Partei wie die unsrige entwickelt erst im Verlaufe einer gewissen Zeit die ihr zu Grunde liegenden Ideen zu festen und klar umrissenen Programmsätzen. Zu diesem Abschluß unserer Entwicklung kommen wir hoffentlich auf der Tagung des Zonenausschusses Ende Februar. Dann werden manche im Stadium der Entstehung der Partei gemachten Ausführungen als nicht zutreffend oder als überholt erscheinen. Bitte prüfen Sie, ob sich unter diesem Gesichtspunkt die neue Verbreitung Ihrer Rundschreiben empfiehlt, ob nicht nach Feststellung des

Parteiprogramms ein neues, dies Programm behandelndes Rundschreiben zweckmäßiger ist.
Sollten Sie in wesentlichen Punkten mit meinen vorstehenden Ausführungen nicht einverstanden sein, so haben Sie die Freundlichkeit, mir Ihre Gegenargumente so bald mitzuteilen, daß ich mein heutiges Schreiben und Ihre Antwort den übrigen Mitgliedern des Zonenausschusses zwecks Vorbereitung der Diskussion baldigst mitteilen kann.
Meine vorstehenden Ausführungen habe ich zu meiner Selbstkontrolle mehreren, mir erreichbaren, hervorragenden Mitgliedern unserer Partei aus beiden Confessionen und den verschiedensten Ständen vorgetragen und bei ihnen uneingeschränkte Zustimmung gefunden.
Mit hochachtungsvollen Grüßen bin ich

Ihr sehr ergebener
(Adenauer)

AN WILHELM HEILE, SYKE

*22. Februar 1946*

Sehr geehrter Herr Heile!

Vom Oberpräsidium in Düsseldorf aus ließ ich Ihnen in der vergangenen Woche telefonieren, daß ich Ihnen zu einer Besprechung in Opladen in der mit dem 18. Februar beginnenden Woche gern zur Verfügung stünde. Da ich in der Zwischenzeit nichts von Ihnen gehört habe, nehme ich an, daß Sie verhindert waren. Ich möchte Ihnen aber meine Dispositionen für die nächste Zeit mitteilen, um so doch eine baldige Zusammenkunft zu ermöglichen. Vom

26. 2. bis 1. 3. habe ich Tagung des Zonenausschusses in Neheim-Hüsten. In der folgenden Woche bin ich am 4., 5., 6., 8. und 9. 3. besetzt. Ich kann noch verfügen über den 7. 3. Ich würde mich freuen, wenn wir bald zusammenkommen würden. Ich hoffe, daß mein ausführlicher Brief vom 14. 2. inzwischen bei Ihnen eingegangen ist. In der Anlage sende ich Ihnen zur ganz vertraulichen Kenntnisnahme Durchschlag einer Rede, die ich in kürzerer Form Anfang März über den Hamburger Sender halten werde. Ich bitte, diese Rede, die zurzeit der brit. Zensur vorliegt, absolut vertraulich zu behandeln. Sie beruht nicht etwa auf einem Beschluß der Partei, weil keine Zeit mehr dazu war, ihre Zustimmung herbeizuführen. Die Brit. Militärregierung verlangte plötzlich die Abhaltung einer programmatischen Rede Anfang März und Einreichung des Textes 14 Tage vorher für die Zensur. Aber ich zweifle nicht, daß diese Rede in allen wesentlichen Punkten die Ansicht der maßgebenden Kreise unserer Partei wiedergibt. Sie ersehen aus dieser Rede, wo wir stehen und unsere Absichten. Ich hoffe, daß sie in allen wesentlichen Punkten Ihren Beifall findet. Weil auch nach meiner Meinung – das ist ja auch die Ihrige, das für die Zukunft die Scheidung zwischen Anhängern einer materialistischen Weltanschauung und den Gegnern der materialistischen Weltanschauung absolut nötig ist, und es weiter nötig ist, alle Gegner der materialistischen Weltanschauung zu sammeln, lege ich so großen Wert darauf, daß wir uns zusammenschließen. Ich darf Ihnen versichern, daß die Freiheit des Einzelnen auch für uns ein Moment von größter Bedeutung ist, daß jede Uniformie-

rung und Unterdrückung uns völlig fern liegt. Es ist ganz selbstverständlich, daß auch diejenigen uns als Mitglieder willkommen sind, die ohne eine bestimmte konfessionelle Bindung allgemein auf dem Boden der christlichen Weltanschauung und der christlichen Ethik stehen und deren politisches Handeln sich von hier aus bestimmt.

Mit ergebenen Grüßen

Adenauer

AN BERNHARD CUSTODIS, BONN

*23. Februar 1946*

Lieber Custodis!

Von der Mutter Werhahn erhielt ich den anliegenden Artikel des Paters Pribilla mit der Bitte um Beurteilung. Da ich die Adresse des Paters Pribilla nicht habe und die Mutter Werhahn mir mitteilte, daß sie den Artikel durch Dich bekommen habe, sende ich ihn anbei mit der Bitte zurück, ihn an Pater Pribilla zurückgelangen zu lassen. Ich würde den Artikel nicht erscheinen lassen. Nach meiner Meinung trägt das deutsche Volk und tragen auch die Bischöfe und der Klerus eine große Schuld an den Vorgängen in den Konzentrationslagern. Richtig ist, daß nachher vielleicht nicht viel mehr zu machen war. Die Schuld liegt früher. Das deutsche Volk, auch Bischöfe und Klerus zum großen Teil, sind auf die nationalsozialistische Agitation eingegangen. Es hat sich fast widerstandslos, ja zum Teil mit Begeisterung auf all den in dem Aufsatz gekennzeichneten Gebieten gleichschalten lassen. Darin liegt seine Schuld. Im übrigen hat man aber auch gewußt – wenn man auch die Vorgänge in den Lagern nicht in ihrem ganzen Ausmaße gekannt hat –, daß die persönliche Freiheit, alle Rechtsgrundsätze, mit Füßen getreten wurden, daß in den Konzentrationslagern große Grausamkeiten verübt wurden, daß die Gestapo, unsere SS und zum Teil auch unsere Truppen in Polen und Rußland mit beispiellosen Grausamkeiten gegen die Zivilbevölkerung vorgingen. Die Judenpogrome 1933 und 1938 geschahen in aller Öffentlichkeit. Die Geiselmorde in Frankreich wurden von uns offiziell bekanntgegeben. Man kann also wirklich nicht behaupten, daß die Öffentlichkeit nicht gewußt habe, daß die nationalsozialistische Regierung und die Heeresleitung ständig aus Grundsatz gegen das Naturrecht, gegen die Haager Konvention und gegen die einfachsten Gebote der Menschlichkeit verstießen. Ich glaube, daß, wenn die Bischöfe alle miteinander an einem bestimmten Tage öffentlich von den Kanzeln aus dagegen Stellung genommen hätten, sie vieles hätten verhüten können. Das ist nicht geschehen und dafür gibt es keine Entschuldigung. Wenn die Bischöfe dadurch ins Gefängnis oder in Konzentrationslager gekommen wären, so wäre das kein Schade, im Gegenteil. Alles das ist nicht geschehen und darum schweigt man am besten. Ich weiß bestimmt, daß der verstorbene Papst mit meinem Urteil genau übereinstimmte. Wie der jetzige Papst denkt, weiß ich nicht.

Vielen Dank für die Beförderung und herzliche Grüße

Dein

(Adenauer)

[P.S.] Jedenfalls würde der nicht dem Nationalsozialismus direkt verfallene Teil des Deutschen Volkes, insbesondere auch die kath. Kirche in Deutschland, vor dem Ausland und insbesondere vor der Nachwelt gerechtfertigter dastehen, als es jetzt der Fall sein wird.

An William F. Sollmann, Pendle Hill, Wallingford/Pennsylvanien

*16. März 1946*

Lieber Herr Sollmann!

Ich erhielt Ihren Brief vom 20. 11. 45 und habe mich lange nicht mehr über einen Brief so gefreut. Ich hatte sehnlichst immer gehofft, Sie in Köln zu sehen. Aber ich hatte schon sehr früh erfahren, daß das wohl unmöglich sein würde. Ich hatte mich auch an Fräulein Kraus indirekt gewandt und über denselben Weg gehört, daß zurzeit ein Herüberkommen nicht möglich sei. Das ist sehr schade; ich glaube, daß gerade Menschen wie Sie und Fräulein Kraus viel Gutes hätten tun können, insbesondere auch in politischer Hinsicht. Wie es bei uns aussieht, werden Sie ja in der Zwischenzeit aus den Schilderungen Ihrer Verwandten und Freunde gehört haben. Das deutsche Volk ist seelisch und materiell in einer Tiefe angelangt, die Schrecken erregend ist. Es wird einer sehr langen, sehr mühsamen und sehr planmäßigen Aufbauarbeit bedürfen, die natürlich in erster Linie vom deutschen Volke selbst geleistet werden muß, bei der es aber der Hilfe anderer Nationen bedarf.

[…]

Ich danke Ihnen sehr für Ihr freundliches Anerbieten, mir – wenn ich ein Anliegen hätte – behilflich zu sein. Ich habe

augenblicklich nur ein Anliegen, aber ein sehr großes, und das ist folgendes:
USA kennt Europa nicht. Ich stand mit den Offizieren der amerikanischen Besatzung hier ganz ausgezeichnet und habe das immer wieder erfahren müssen, daß sie Europa nicht kennen. Daher ist USA auch geneigt, sich nicht für europäische Angelegenheiten zu interessieren. Und doch ist das ganz falsch. Wenn die europäische Kultur, die seit 30 Jahren schwer gelitten hat, ganz zugrunde geht, so wird das auch für USA von großer Bedeutung sein. Die Gefahr ist groß. Asien steht an der Elbe. Nur ein wirtschaftlich und geistig gesundes Westeuropa unter Führung Englands und Frankreichs, ein Westeuropa, zu dem als wesentlicher Bestandteil der nicht von Rußland besetzte Teil Deutschlands gehört, kann das weitere geistige und machtmäßige Vordringen Asiens aufhalten. Helfen Sie doch, die Überzeugung in USA zu verbreiten, daß die Rettung Europas nur mit Hilfe von USA erfolgen kann und daß die Rettung Europas auch für USA wesentlich ist. Ich habe immer gern an Sie zurückgedacht, auch wenn wir manchmal verschiedener Meinung waren. Geistige Auseinandersetzungen gehören zum Leben, und sie sind notwendig zu jedem Fortschritt. Die geistigen Auseinandersetzungen mit Ihnen waren mir immer eine Freude. – Ich hoffe sehr, daß wir uns noch einmal wiedersehen. Meine Frau und mein Sohn Max – er war es, der 37 drüben war – und vor allem ich grüße Sie und Ihre Frau herzlich!

Ihr
Adenauer

## An Hugo Efferoth, La Paz, Bolivien

*16. April 1946*

Sehr geehrter Herr Efferoth!

Vor einigen Tagen erhielt ich Ihren Brief vom 23. August 1945. Ich habe mich sehr gefreut, von Ihnen ein Lebenszeichen zu erhalten. Ich hatte wiederholt mich nach Ihnen erkundigt, aber keinen getroffen, der Auskunft geben konnte. Herr *Suth* hat keinesfalls einen Brief von Ihnen erhalten, sonst würde er es mir mitgeteilt haben. Vielleicht haben Sie in der Zwischenzeit nähere Nachrichten von hier bekommen. Ich will Ihnen aber auf alle Fälle einen kurzen Überblick geben.

Köln ist in seinen Hauptteilen zerstört. Es zählt zwar wieder z. Zt. 500 000 Einwohner. Aber schätzungsweise wohnen $^1/_3$ davon in Kellern oder mehr oder weniger zerstörten Gebäudeteilen. Ich habe manche deutsche Stadt in der letzten Zeit gesehen, aber keine große Stadt gefunden, die so zerstört ist wie Köln. Der Dom steht noch, aber große Teile des Daches sind abgedeckt. Die Gewölbe sind zum größten Teil eingestürzt. Immerhin, er läßt sich wieder herstellen. Vom Rathaus ist kaum noch etwas vorhanden. Die Vorhalle steht noch und ein Teil des Turms, sonst nichts. Vom Gürzenich stehen noch die 4 Umfassungsmauern. Die alten Kirchen Köln's sind sehr schwer zerstört. Sie lassen sich aber nach der Behauptung der Architekten, wenn erst genügend Materialien und Menschen zur Verfügung stehen, doch in etwa wieder aufbauen.

Es sieht sehr ernst aus hier! Größte Arbeitslosigkeit, eine sehr schwere Ernährungskatastrophe. Keine Aussicht auf

Besserung. Am besten geben Ihnen folgende Ziffern ein Bild von der Lage in Köln:
Geburtenziffer monatlich rd. 250,
Sterblichkeitsziffer monatlich rd. 650.
Ansteckende Krankheiten herrschen nicht in besonderem Maße. Die Menschen sterben an Schwäche. Was aus allem werden soll, ist noch völlig unübersichtlich. Ich glaube aber, daß noch viele Millionen in Deutschland sterben werden. Die Menschen sind meistens apathisch und hoffnungslos, die Jugend verwildert und verkommen. Die Verhältnisse von 1918 lassen sich auch nicht im entferntesten mit den Verhältnissen von heute vergleichen.
[...]
Es würde mich freuen, wenn Sie zurückkommen würden. Deutschland braucht erfahrene Männer. Es gibt sehr wenige tüchtige Leute. Die beiden Kriege haben sehr große Lücken gerissen, und Nachwuchs ist infolge des verheerenden Einflusses der NSDAP nicht da. Aber wie können Sie es möglich machen zurückzukommen? Von hier aus kann z. Zt. nichts geschehen. Vielleicht setzen Sie sich mit Herrn *Sollmann* in Verbindung, der mir vor einiger Zeit schrieb. Seine Adresse ist:
William F. Sollmann
Pendle Hill
Wallingford, PA.
Möglicherweise kann er Ihnen einen Rat geben. Wenn es z. Zt. nicht geht, dann warten Sie in Geduld. Wir brauchen alle sehr viel Geduld! Es ist unsere einzige Stärke. Seien Sie herzlich gegrüßt von

Ihrem ergebenen
(Adenauer)

An Paul Silverberg, Lugano

*23. April 1946*

Lieber Herr Silverberg!

Zu Ihrem 70. Geburtstag wünschen meine Frau und ich Ihnen von ganzem Herzen Glück!

Wir beide haben kein leichtes Los. Es ist sehr schwierig, die Lage schriftlich richtig jemandem auseinanderzusetzen, der so lange wie Sie fern der Heimat weilen mußte. Aber Sie dürfen mir das eine glauben, es bedarf der größten Energie und der größten seelischen Spannkraft, um oben zu bleiben.

Auf dem Ihnen zumeist am Herzen liegenden Gebiet, dem Gebiet des Rheinischen Braunkohlenbergbaues habe ich mich in der letzten Zeit in etwa betätigen können. Das Verhältnis RWE und Rheinbraun lastet nach wie vor wie ein schwarzer Schatten über allem. Mit Ihrem Urteil über Herrn Werhahn haben Sie hundertprozentig Recht behalten. In der allernächsten Zeit sollen Entscheidungen von größter Tragweite fallen. Ich habe niemals Ihren Rat dringender herbeigewünscht als jetzt. Wäre es denn nicht möglich, daß Sie einmal für einen Monat nach hier kämen, um zu raten und zu helfen? Allerdings müßten Sie gute Verproviantierung von dort aus mitbringen.

Ob mein Brief nun ein richtiger Geburtstagsbrief geworden ist, weiß ich nicht so recht. Ich glaube es aber schließlich doch, denn er handelt vom Rheinischen Braunkohlenbergbau und seiner Zukunft, d. h. von Ihrem liebsten Kinde.

In welch körperlicher Verfassung mögen Sie diesen Tag begehen? Ich hoffe, einigermaßen leidlich, wenngleich die

ganzen Verhältnisse ja auch körperliches Wohlbefinden nicht zulassen.
Meiner Frau geht es noch immer nicht besonders. Ich glaube, ich schrieb Ihnen einmal, daß sie sich im Gefängnis in Brauweiler eine Erkrankung des Knochenmarks zugezogen hat, die auf die Zusammensetzung des Blutes wirkt. Ich war zeitweise sehr besorgt um sie und bin auch jetzt noch nicht ohne Sorge.
Die politische Tätigkeit, die ich habe auf mich nehmen müssen, weil schlechthin kein anderer da war, ist sehr aufreibend, körperlich anstrengend und sehr undankbar. Ich suche ihr zu entgehen, sobald ich es irgendwie verantworten kann. Das ist ja überhaupt das Verhängnis für Deutschland, daß die alte Generation überall an die Spitze muß. Die mittlere Generation fällt nahezu vollständig aus, weil sie in der Partei war. Die junge Generation ist nicht urteilsfähig weder in politischer noch einer sonstigen Hinsicht. Sie muß völlig umerzogen werden.
Ich habe Ihnen gleichzeitig einen Kartenglückwunsch geschickt, weil ich annehme, daß einer der beiden Glückwünsche Sie doch noch rechtzeitig zu Ihrem Geburtstage erreicht. Feiern Sie ihn also so gut Sie es können. Gedenken Sie unserer, wie wir Ihrer gedenken und kommen Sie bald, wenn auch nur für kurze Zeit, einmal in die Heimat zurück!
Mit recht herzlichen Wünschen und Grüßen, auch von meiner Frau, wie immer

Ihr
(Adenauer)

An Jakob Kaiser, Berlin-Wilmersdorf

*24. Mai 1946*

Sehr geehrter Herr Kaiser!

Ihre Briefe vom 1. und 5. Mai 1946 habe ich gelegentlich einer Tagung in Düsseldorf erhalten. Ich nehme an, daß eine Anzahl von Herren sowohl aus der britischen wie aus der amerikanischen Zone Ihrer Einladung Folge leisten wird. Was von hier aus möglich war zur schnellen Erledigung der Vorbedingungen der Abreise, ist geschehen.

Ich darf dann auf Ihren Brief vom 5. d. Mts. etwas ausführlicher eingehen. Es ist mir nicht verständlich, warum Sie erstaunt waren, in meinem Schreiben eine Wiederholung meiner negativen Stellungnahme gegen Berlin zu finden. Ich stimmte bei der Aussprache mit Ihnen darin überein, daß im Augenblick nicht der Zeitpunkt gegeben ist, über die Frage der künftigen Reichshauptstadt in der Öffentlichkeit zu diskutieren. Das schließt aber selbstverständlich nicht aus, daß man sich im engen Kreise mit der Frage der zukünftigen Reichshauptstadt weiter beschäftigt. Ich glaube, ich habe Ihnen in unserer Aussprache keinen Zweifel darüber gelassen, daß m. E. dafür unter keinen Umständen Berlin, gleichgültig ob besetzt oder nicht besetzt, in Frage kommt. Ich weiß mich darin mit [der weitaus größten Zahl der Rheinländer und mit] den süddeutschen maßgebenden Herren der CDU völlig einig. Ich glaube, es war richtig und in Ihrem Interesse, wenn ich in meinem Schreiben darauf einging. Ich glaube nicht, daß es sonst möglich gewesen wäre, die Bedenken, die gegen eine Beschickung Ihres Parteitages in Süddeutschland mit großer Entschiedenheit ausgesprochen worden sind, zu zerstreuen. Ich darf aber bei dieser Gelegenheit Ihre Aufmerksamkeit richten auf einen Artikel „Berlin? – Berlin!“ in Nr. 102 der „Neue Zeit“ vom 3. Mai 1946. Ich bin der Auffassung, daß ein derartiger Artikel wenig angebracht ist, und zwar sowohl gegenüber dem Inland wie gegenüber dem Ausland, und daß er bestimmt wieder dazu beitragen wird, auch gewisse Ressentiments gegenüber der CDU in Berlin neu zu beleben.

Lassen Sie mich ein Wort noch hinzufügen zu Ihren Bemerkungen über meine Ausführungen in dem Schreiben an die süddeutschen Herren, die sich auf einige Äußerungen von Ihnen und anderen Stellen der CDU Berlin beziehen. Im allgemeinen glaube ich, daß es wohl für jeden von uns unter Umständen durchaus richtig und angebracht ist, seine Überzeugung zu „rechtfertigen“; in einer Rechtfertigung erblicke ich nichts, was dem Ansehen desjenigen, der sich rechtfertigt, abträglich sein könnte. Ich erinnere mich genau aus unserem Gespräch, daß zuerst Herr Geheimrat Katzenberger und dann Sie das Wort von der Synthese des Ostens und des Westens als unrichtig bezeichneten, und ich weiß ebenso genau, daß Sie, und ich glaube auch Herr Geheimrat Katzenberger, erklärt haben, daß man, wenn man Ausführungen der CDU Berlin oder der russischen Zone lese, immer sich vor Augen halten müsse, unter welchen Einflüssen man dort stehe. Ich darf Sie daran erinnern, daß Sie noch davon gesprochen haben, daß die Reise in die nicht von Russen besetzten Zonen für Sie außerordentlich aufschlußreich und belehrend gewesen sei.

Ich bitte Sie mir zu glauben, sehr geehrter Herr Kaiser,

daß sowohl im Westen wie im Süden gegen Berlin und auch teilweise gegen die Richtung der CDU in Berlin erhebliche Bedenken bestehen. Die durchaus verständliche Begeisterung, mit der Ihre Person hier in weiten Kreisen aufgenommen worden ist, darf darüber nicht hinwegtäuschen. Ich glaube, Sie werden aus unserer langen Besprechung den Eindruck gewonnen haben, daß ich mich sehr bemühe, keine Mißverständnisse aufkommen zu lassen und Einigkeit unter den verschiedenen Zonenparteien in vollem Maße herzustellen. Ich bitte Sie, auch diesen Brief unter dem Gesichtspunkt betrachten zu wollen. Ich denke, Sie werden damit einverstanden sein, daß ich Abschrift Ihres Briefes an mich vom 5. Mai und Abschrift meiner Antwort den Herren, an die mein damaliges Schreiben gerichtet war, übersende.

So sehr ich die Bedeutung Ihrer Tagung anerkenne, so glaube ich doch nicht in der Lage zu sein, mich hierfür eine Reihe von Tagen äußerst wichtigen Aufgaben entziehen zu dürfen. Im übrigen geht der Umfang Ihrer Einladungen zu der Berliner Tagung weit über das Maß hinaus, was wir gelegentlich unserer letzten Unterredung besprochen hatten. Damals sprachen Sie davon, daß aus jeder Zone etwa neun Gäste erscheinen sollten; hoffentlich erwachsen keine technischen Schwierigkeiten aus der großen Zahl der nunmehr Eingeladenen.

Ich wünsche einen guten Verlauf und bin mit vielen Grüßen für Sie und in der Hoffnung, daß die Ihrigen sich in Berlin gut eingelebt haben,

Ihr ergebener
(Adenauer)

An Frans van Cauwelaert, Antwerpen

*18. Juni 1946*

Sehr geehrter Herr van Cauwelaert!

Es ist nicht ganz leicht für mich, Ihnen zu schreiben. Ich weiß, was Deutschland an Ihrem Vaterlande getan hat, und ich weiß auch, was Ihnen persönlich widerfahren ist. Andererseits werden Sie ja auch wissen, daß bei weitem nicht alle Deutschen hiermit einverstanden gewesen sind, daß insbesondere ich zu diesen gehört habe und daß sowohl ich wie auch meine Frau wegen unseres Widerstandes schwer unter dem Nationalsozialismus haben leiden müssen.

Die Sozialisten der verschiedenen früher feindlichen Länder haben inzwischen Verbindungen miteinander angeknüpft, obgleich die deutschen Sozialisten lange nicht so widerstandsfähig gegenüber dem Nationalsozialismus gewesen sind wie die deutschen Katholiken. Diese Tatsache, daß die Sozialisten sich gefunden haben, gibt mir die Hoffnung, daß wir Katholiken, die wir uns innerlich viel näher stehen und viel tiefer miteinander verbunden sind, uns auch wieder finden werden.

Aus dieser Hoffnung heraus bitte ich Sie doch in naher Zukunft um Ihren Besuch, natürlich inkognito in Köln oder in Rhöndorf-Honnef, meiner neuen Heimat. Ich würde mich nicht nur herzlich freuen, Sie wiederzusehen, ich glaube auch, daß ein gegenseitiger Gedankenaustausch auch außerordentlich fruchtbar für unsere gemeinsamen Ideale sein könnte. Da ich nicht nach Belgien kommen kann, werden Sie verstehen, daß ich Sie bitte, mich zu besuchen.

Mit ausgezeichneter Hochachtung und freundlichen Grüßen

Ihr ergebener
Adenauer

AN PIA GRÄFIN FÜRSTENBERG-HERDRINGEN, HERDRINGEN BEI ARNSBERG/WESTFALEN

*22. Oktober 1946*

Sehr geehrte Gräfin!

Ich erhielt Ihren Brief vom 9. d. Mts. mit seinen zahlreichen Beschimpfungen. Mit welchem Recht Sie meine Ausführungen als „frevelndes Urteil", das nichts mit Christlichkeit zu tun habe, bezeichnen, weiß ich nicht. Ich weiß auch nicht, woher Sie sich das Recht nehmen, meine Erklärungen zum Falle Papen als „alle christlichen Gefühle tief verletzend" zu bezeichnen. Wenn ich Ihnen trotzdem auf Ihren Brief antworte, so tue ich das in Erinnerung an Ihren Vater, der, davon bin ich überzeugt, ein ganz anderes Urteil über Herrn von Papen haben würde als Sie und die meisten Ihrer Standesgenossen.

Den Wortlaut des Artikels der „Westfälischen Post" kenne ich nicht. Ich habe zum Nürnberger Urteil folgendes gesagt:

„Der Prozeß hat 10 Monate gedauert. Die Berichterstattung über ihn sowohl durch den Rundfunk wie durch die deutsche Presse war sehr schlecht. Wir sind daher nicht in der Lage, uns ein selbständiges Urteil über den Urteilsspruch zu bilden. Wir können nicht sagen, daß der eine zu leicht, der andere zu schwer bestraft worden sei. Wenn die

Behauptung, daß Herr von Papen an der Ermordung des Bundeskanzlers Dollfuß beteiligt gewesen sein soll, richtig sein sollte, so wird er deswegen zur Verantwortung gezogen werden müssen. Im übrigen begrüße ich das Nürnberger Verfahren als einen völkerrechtlichen Fortschritt, allerdings unter einer Voraussetzung, und zwar unter der Voraussetzung, daß in Zukunft derartige Verfahren gegenüber allen Kriegsverbrechern angewendet werden und man sich nicht darauf beschränkt, einmal ein solches Verfahren an dem zerschlagenen Deutschland zu statuieren."

Ich betone nochmals, daß ich die Ausführungen bezüglich Herrn von Papen rein konditionell gemacht habe. Ich glaube nicht, daß irgend ein rechtlich denkender Mensch etwas dagegen einwenden kann.

Im übrigen möchte ich zum Fall von Papen folgendes sagen:

Ich kenne Herrn von Papen seit mehr als 25 Jahren. Seit 1933 habe ich ihn allerdings nicht mehr gesehen oder gesprochen. Ich glaube ihn und seinen Charakter sehr genau zu kennen. Mein Urteil lautet völlig anders als das Ihrige. Herr von Papen war immer ein äußerst ehrgeiziger Mensch, dem es vor allem darum ging, eine Rolle zu spielen. Prinzipielle Fragen haben bei ihm nie eine Rolle gespielt. Herr von Papen hat in den 20er Jahren versucht, mit Hilfe der christlichen Gewerkschaften im Zentrum etwas darzustellen. Es ist ihm damals nicht gelungen. Dann hat er sich dem rechten Flügel der Partei zugewendet. Herr von Papen durfte unter keinen Umständen sich von Hitler und seinen Leuten täuschen lassen. Er stand dem politischen Geschehen nahe. Er mußte das Vorleben dieser Leute kennen und hat es gekannt. Wenn er Ehre im Leibe gehabt hätte, hätte er nach dem 30. Juni 1934 ein für alle Male mit Hitler gebrochen.

Ich habe ihm immer mildernde Umstände in meinem Urteil über ihn zugebilligt wegen seiner abnormen Beschränktheit. Leider haben sich manche von seinem verbindlichen Wesen und seinem frommen Gerede täuschen lassen.

Wenn Sie mit Ihrem Satz „Zu solcher Haltung gehört oft mehr Courage als dem feindlichen Beiseitestehen vor einer überwältigenden Übermacht" mich gemeint haben, so möchte ich mir versagen, darauf näher einzugehen. Ich benutze diese Gelegenheit, um Ihnen zu sagen, wie tief empört ich – der ich den Wert der Tradition kenne und schätze – über die Haltung des größten Teiles Ihrer Standesgenossen während der nationalsozialistischen Zeit bin; sie sind unter Verleugnung ihrer Tradition aus einer völlig unbegründeten Abneigung gegen eine wirkliche Demokratie einem verbrecherischen Abenteu[r]er nachgelaufen und haben dadurch vor Gott eine schwere Schuld auf sich geladen.

Ich meine, Sie sollten der Tradition Ihres Vaters eingedenk sein und seinem Geiste entsprechend die vergangenen 12 Jahre überprüfen.

Ihr ergebener
(Adenauer)

An Hans Müller, Bonn

*5. November 1946*

Sehr geehrter Herr Müller!

Die mir liebenswürdigerweise übersandten Zeitungsausschnitte sende ich mit vielem Dank zurück. Es würde mich sehr interessieren, laufend Ausschnitte zu erhalten. Würde es Ihnen durch Ihre Beziehungen möglich sein, Verbindungen nach England zu erhalten, um dortige maßgebende Stellen über die wirkliche Lage in Deutschland aufzuklären? Ich kann mir nicht vorstellen, daß man drüben wirklich die Dinge richtig sieht. Das ist meine einzige Erklärung für die Politik der Engländer uns gegenüber, hauptsächlich in der Frage der Demontage und der Mißgriffe, die in der Behandlung der Bergarbeiter gemacht werden – die Bergarbeiterfrage ist natürlich entscheidend für alles –, und der Gestaltung des Außenhandels.
Die Engländer treiben m. E. eine Politik, die ihren eigenen Interessen auf das stärkste zuwiderläuft. Sie können ja doch nur ihre Stellung in der Welt erhalten als Führer eines wirtschaftlich [geeinten] und politisch ausgeglichenen Westeuropas unter Einschluß wenigstens der 3 westlichen deutschen Zonen.
Mit vorzüglicher Hochachtung

Ihr ergebener
(Adenauer)

An Paul Silverberg, Lugano

*10. Dezember 1946*

Lieber Herr Silverberg!

Erst jetzt komme ich nach vielen Monaten dazu, meine Privatkorrespondenz langsam aufzuarbeiten. Daß Sie einer der Ersten sind, an die ich schreibe, versteht sich von selbst.

Während der vergangenen 10 Monate habe ich für unsere Partei soviel arbeiten und soviel reisen müssen, daß ich mehr in Anspruch genommen war als in den schlimmsten Zeiten meiner früheren Tätigkeit. Wir haben bei den Wahlen, wie Sie wissen werden, einen sehr guten Erfolg gehabt. Die entscheidenden Wahlen werden aber am 30. März 1947 sein, wenn in der britischen Zone die Landtage gewählt werden. Da Ihnen die gesamte ausländische Presse zur Verfügung steht, werden Sie über die Verhältnisse hier genügend unterrichtet sein. Ich möchte nur eines all dem, was in den Zeitungen geschrieben wird, hinzufügen:

Die Entscheidung über das zukünftige Geschick Deutschlands fällt in der britischen Zone und innerhalb der britischen Zone in dem Lande Nordrhein-Westfalen. Wir sind in diesem Lande die stärkste Partei, und wir werden es hoffentlich auch nach den Landtagswahlen vom 30. März 1947 sein. Sie können demnach ahnen, welche Verantwortung auf allen denjenigen lastet, die an der Führung der Partei beteiligt sind. Sie wissen, daß unsere Partei eine neue Partei ist. Sie mußte zunächst Menschen verschiedener politischer Ansichten und der verschiedenen Konfessionen zu einer Einheit zusammenführen. Sie mußte eine neue Organisation aufbauen. Das alles mußte geschehen in einer Zeit der äußersten Nahrungsmittelknappheit und der größten Wohnungsnot. Daß nach 12 Jahren Nationalsozialismus, einem solchen Kriege und all der Not, die seit dem Zusammenbruch über das deutsche Volk hereingebrochen ist, die Mehrheit des deutschen Volkes sich nicht radikalen Parteien zugewendet hat, spricht sehr stark für die guten Eigenschaften, die im deutschen Volke doch noch vorhanden sind. Ich bin überzeugt davon, wenn wir das tiefe Tal, in dem wir uns befinden (Hunger, Krankheiten, Kälte, Wohnungsnot, Mangel an Kleidung und Schuhwerk), glücklich überstehen, so wird das deutsche Volk geläutert, aber auch gestärkt aus dieser Prüfung hervorgehen und mit Recht Anwartschaft erheben darauf, in Europa und in der Welt geistig wieder mitsprechen zu können.

Ich hoffe, daß der größte Teil des deutschen Volkes diesen Winter übersteht. Aber die Verhältnisse sind sehr ernst und sehr traurig. Namentlich die Tuberkulose greift in entsetzlicher Weise um sich, und sie macht vor niemandem halt. Standesunterschiede gibt es dabei nicht. Sie sind ja überhaupt im heutigen Deutschland fast verschwunden. Es gibt nur einen Unterschied noch, und zwar ist das, ob man Selbstversorger ist oder nicht. Natürlich haben an Textilien die früher besser Gestellten, soweit sie nicht ausgebombt sind, größere Reserven; das ist aber auch das einzige Plus, das sie noch haben.

Ich schrieb Ihnen seinerzeit, wenigstens für einige Zeit zurückzukommen, um mitzuhelfen, Ihr Lebenswerk wieder aufzurichten. Es ist gut, daß Sie diesem Rate keine

Folge geleistet haben. Sie werden wissen, wie es um alles das steht. Auch Sie hätten daran nichts ändern können. Lassen Sie mich einiges von meiner Familie erzählen:
Meine Frau hat sich seinerzeit im Gefängnis in Brauweiler eine sehr schwere Knochenmarkerkrankung zugezogen, die zur Folge hat, daß sie nicht genügend Abwehrstoffe bilden kann, wenn sie krank wird. Sie hat vor 2 Monaten nach einer starken Grippe eine sehr schwere Lungenentzündung gehabt, und der Arzt hatte sie aufgegeben. Sie ist aber durch Penicillin gerettet worden. Sie befindet sich auf dem Wege langsamer Genesung. Sie muß sich sehr schonen und vor allem eiweißreiche Kräftigungsmittel haben, die uns natürlich nicht zur Verfügung stehen.
[...]
Mit der Deutschen Bank bin ich noch keinen Schritt weitergekommen, trotz der Erklärung, die Sie abgegeben haben. Herr Rath hat sich die größte Mühe gegeben, aber die jetzt leitenden Herren in Hamburg verhalten sich ablehnend. Ich selbst habe bisher nicht die Zeit gefunden, mich um diese Angelegenheit zu bekümmern. Ich werde es aber jetzt tun müssen. Man muß daran denken, daß einigermaßen für Frau und Kinder gesorgt ist, wenn man selbst heute oder morgen sterben soll.
Ich weiß nicht, ob es Ihnen möglich sein wird, uns wiederum ein Paket zu schicken. Wenn es der Fall sein sollte, so wäre ich Ihnen dankbar, wenn Sie namentlich an Kräftigungsmittel für meine Frau und Georg denken würden und für mich an Kaffee, insbesondere „Nescafé“. Ich führe ihn auf meinen zahlreichen Reisen immer mit mir. Er gibt mir die nötige Frische bei den vielen Versammlungen und

Konferenzen, denen ich vorsitzen muß. Sie unterstützen damit indirekt auch die CDU, deren Ziele Ihnen sicher sympathisch sind!
Die Verhältnisse sind jetzt auf allen Gebieten unendlich viel schwieriger als im Jahre 1918. Ich erinnere mich noch genau, mit welchem Erfolg Sie damals mit den Sozialdemokraten zusammengearbeitet haben. Ob das jetzt wiederum möglich sein würde, ist mir sehr zweifelhaft. Herr Dr. Schumacher, der Führer der SPD, ist ein sehr fanatischer Parteipolitiker.
Ich wünsche Ihnen zu Weihnachten und zu Neujahr alles Gute, und meine Frau schließt sich diesen, meinen Wünschen herzlich an. Ich weiß, daß Sie sehr einsam sind, aber ich glaube Ihnen sagen zu dürfen, daß Sie es doch besser haben dort, als wenn Sie jetzt hier lebten. Unser Alter fällt eben in eine sehr böse Zeit hinein.
Wir grüßen Sie herzlichst, wie immer

Ihr
(Adenauer)

An Hans Schmitt, Köln

*22. Dezember 1946*

Sehr geehrter Herr Schmitt!

Mit bestem Dank bestätige ich den Empfang Ihres Schreibens vom 17. d. M. Der Aufsatz von Richard Tüngel ist insofern m. E. oberflächlich, als er übersieht, daß der Nationalsozialismus nichts anderes wie eine konsequente Weiterentwicklung des preußischen Staatsgedankens ist. Ob Berlin nicht so viele nationalsozialistische Stimmen aufgebracht hat, ist gleichgültig. Berlin ist ja doch nur der

Sammelname für die „preußischen Bestrebungen“. Ich möchte aus bestimmten Gründen nicht zu oft über diese Frage in der Öffentlichkeit das Wort ergreifen und daher einstweilen keinen Artikel schreiben. Aber vielleicht schreiben Sie dem Herrn Tüngel einmal und bitten ihn, Ihre Ausführungen abzudrucken. Ich würde das für sehr wirksam halten.

Sie haben recht, auch in Hamburg bildet sich ein kultureller Zentralismus heraus. Er wirkt mit dem Kulturzentralismus in Berlin und Hannover zusammen. Auch dagegen müssen wir uns zur Wehr setzen! Ich begrüße es, wenn Sie sich gegen die Leitung des Rundfunks wenden. Der Nordwestdeutsche Rundfunk wird unseren Besonderheiten wirklich nicht gerecht. Es ist ja eigenartig, wenn wir im Westen einmal von unserer besonderen Art sprechen, sind wir sofort Landesverräter. Die Schleswig-Holsteiner, die Niedersachsen, die Berliner, die Bayern, die Hessen usw. dürfen das alles tun, nur nicht wir Rheinländer.

Mit freundlichen Grüßen

Ihr ergebener
(Adenauer)

AN ADOLF KASCHNY, LEMGO

*7. Januar 1947*

Lieber Herr Kaschny!

Es hat mich gefreut, von Ihnen zu hören. Ich hoffe, daß Sie sich wenigstens in etwa dort zurechtgefunden haben. Um das Wichtigste Ihres Briefes vorwegzunehmen: Sie fragen mich nach meiner Ansicht über die Zukunft des deutschen Ostens. Es hat den Anschein, als ob zwischen den angelsächsischen Mächten und Rußland eine Verständigung dahingehend stattgefunden hat, daß die letzteren die Oder-Neiße-Linie anerkennen und daß dafür die Russen in die wirtschaftliche Vereinigung des Restes ihrer Zone mit den übrigen Zonen einwilligen. Ich wiederhole: es hat den Anschein! Man wird ja im März weiter sehen. Bis dahin können noch allerhand unvermutete Dinge eintreten. Meinen Standpunkt dazu habe ich in einer Neujahrsbotschaft an die CDU der britischen Zone bekanntgegeben. Ich habe darin gesagt: Kein Angehöriger der CDU werde m. E. einen Friedensvertrag unterschreiben, der die Oder-Neiße-Linie enthalte. Was die fernere Zukunft bringen wird, das steht ganz dahin. Kein Mensch kann es wissen. Uns bleibt nur eins übrig: alles zu tun, was in unseren Kräften steht, um die gesunden und wertvollen Eigenschaften unseres Volkes zu erhalten und weiter zu entwickeln.

Uns geht es leidlich. Meine Frau war lebensgefährlich erkrankt, ist aber auf dem Wege der Besserung. Hoffentlich sehen wir uns doch in absehbarer Zeit einmal wieder. Ich wünsche Ihnen alles Gute für 1947 und bin mit herzlichen Grüßen Ihr

(Adenauer)

## An Robert Graham, London

*16. Januar 1947*

Sehr geehrter Herr Graham!

Haben Sie herzlichen Dank für Ihre Weihnachtswünsche, die jetzt in meinen Besitz kamen. Es ist ein eigenes Gefühl

für einen Deutschen, mit den Persönlichkeiten, die er während der nationalsozialistischen Zeit so oft verbotenerweise gehört hat, in persönliche Verbindung zu kommen. Ich darf mir erlauben, Ihnen zu sagen, daß dieses Kennenlernen mir keine Enttäuschung gebracht hat.
Dem Jahre 1947 sehe ich sehr sorgenvoll entgegen, und zwar nicht nur als Deutscher, sondern auch als Europäer und als ein Mann, der von der Bedeutung des Abendlandes für die gesamte Menschheit zutiefst durchdrungen ist. Ich fürchte, daß man den 1918 begangenen Fehler in um ein Vielfaches verstärkter Weise wiederholt. Dabei bin ich mir über die Schuld des größten Teiles des deutschen Volkes völlig klar. Ich finde es weiter menschlich verständlich, daß diejenigen, die unter diesem Krieg so gelitten haben, ein für alle Male Schluß machen möchten mit Deutschland. Aber ich meine, es müssen sich doch auch in den alliierten Ländern Menschen finden, die an die kommenden Generationen und die kommenden Zeiten denken.
Wenn Sie wieder zum Rhein kommen, so geben Sie mir bitte rechtzeitig Nachricht. Ich würde mich freuen, Sie zu sehen.
Meine Familie und ich wünschen Ihnen und den Ihrigen von Herzen alles Gute für 1947.
Mit freundlichen Grüßen

Ihr sehr ergebener
(Adenauer)

An William F. Sollmann, Pendle Hill, Wallingford/Pennsylvanien

*18. Januar 1947*

Lieber Herr Sollmann!

Schon 3mal habe ich begonnen, Ihnen zu schreiben. Die Briefe wurden sehr lang und waren doch nicht fertig. Als ich sie dann von neuem zur Hand nahm, um sie zu vollenden, waren immer schon wieder ganz andere Verhältnisse bei uns eingetreten, so daß sie also veraltet waren. Heute erhielt ich Ihre beiden Drucksachen, die mich sehr interessieren.

Ich möchte Ihnen sehr vieles sagen, aber einmal kann man nicht alles dem Papier anvertrauen, und ferner würde ich nichts als Klagen vorbringen können. Das möchte ich nicht. Aber ich fasse alles in folgenden Sätzen zusammen: Die „Befreiung" ist eine grausame und harte Enttäuschung. Wenn nicht ein Wunder geschieht, geht das deutsche Volk zu Grunde, langsam aber sicher!

In meiner engsten Familie geht es jetzt leidlich. Meine Frau war allerdings lebensgefährlich erkrankt. Die Lebensgefahr ihrer Erkrankung ist zurückzuführen auf Schäden gesundheitlicher Art, die sie im Gefängnis davongetragen hat. Wir Alten müssen uns jeden Tag von neuem aufraffen, um den Jungen Mut zuzusprechen, oft gegen bessere Überzeugung.

Meine Frau und ich grüßen Sie und die Ihrigen recht herzlich

Ihr

(Adenauer)

An August Dresbach, Gummersbach

*2. März 1947*

Lieber Herr Dresbach!

Ihren Brief vom 22. 2. 47 habe ich erhalten. Die Verwirrtheit und Unruhe unserer Zeit zeigt sich natürlich auch bei den Anhängern der Selbstverwaltung. Im übrigen wird ja eine Selbstverwaltung in dem von Ihnen verworfenen Sinne von den Engländern gefordert; aber ich glaube wie Sie, daß auch schon in Bälde die finanziellen Fragen hier eine entscheidende Rolle spielen werden.

Ich stehe prinzipiell auf dem Boden des Föderalismus. Ich bin z. B. überzeugt, daß Hitler nicht zur Macht gelangt wäre in einem Bundesstaat. Letzten Endes werden ja aber die Alliierten unsere Staatsform bestimmen.

In unserer Partei herrscht ja keine starre Parteidoktrin, und deswegen ist es sehr gut, wenn Sie Ihren entgegengesetzten Standpunkt mit der Ihnen eigentümlichen Kraft vertreten.

Darf ich Sie bitten, falls Sie irgendwie Zeit haben, doch in unserer Parteipresse, insbesondere auch in der „Kölnischen Rundschau", Artikel über akute Themata zu schreiben ?

Mit vielen Grüßen

Ihr sehr ergebener
(Adenauer)

An Paul Silverberg, Lugano

*30. Mai 1947*

Lieber Herr Silverberg!

Eben erhalte ich Ihren Brief vom 14. 5. 47. Ich weiß also jetzt, von wem ich die „Neue Zürcher" bekomme. Aus

Sommer 1947

einer Mitteilung des Herrn von Weiss hatte ich entnehmen müssen, daß sie von einer ihm nahestehenden Firma herrührt. Entschuldigen Sie daher, daß ich Ihnen noch nicht gedankt habe. Die „Neue Zürcher" unterrichtet uns Deutsche in wirklich vortrefflicher Weise über das Geschehen draußen. Sie ist für mich in meiner politischen Arbeit ganz unentbehrlich. Haben Sie herzlichsten Dank!

Die Pakete „Colis Suisse" sind angekommen, auch ein Kaffeepäckchen. Da, abgesehen von dem Kaffeepäckchen, nie der Absender aus der Sendung zu ersehen war und wir erwartet hatten, daß unsere langjährigen Hotelfreunde, die Inhaber des Hotels in Chandolin, etwas gesandt hätten, haben meine Frau und ich vielleicht nicht für jede Sendung Ihnen gedankt. Ich hole es auf alle Fälle hiermit nach. Sie dürfen versichert sein, daß diese Sendungen für uns so wertvoll sind, daß es sich ein Nicht-Deutscher kaum vorstellen kann.

Nicht eingetroffen ist die Büchersendung. Ich würde Ihnen sonst schon lange gedankt haben. Vielleicht reklamieren Sie mal.

Ich hoffe, daß Sie doch jetzt von Ihrer Lungenentzündung ganz wieder hergestellt sind. Ich schrieb Ihnen seinerzeit, daß meine Frau im Oktober v. Js. so schwer an Lungenentzündung erkrankt war, daß der Arzt sie, trotz Penicillin, das reichlich zur Verfügung gestellt worden war von Herrn von Weiss, für verloren gehalten hat. In der Zwischenzeit hat sie sich zwar etwas erholt, aber sie hat Anfang Mai wieder eine Lungenentzündung gehabt, die allerdings bald kupiert werden konnte. Infolge ihrer Knochenmarkserkrankung hat sie ja so wenige weiße Blutkörperchen, so daß sie keine Abwehrstoffe gegen Infektionen bilden kann.

Sie haben mir gar nichts geschrieben wegen Ihrer Beteiligung an unserer Schweizer Reise. Nur Herr von Weiss hatte mir davon gesprochen. Nun, ich hoffe, wenn es uns gelingt, in die Schweiz zu kommen, daß wir uns dann sehen und daß meine Frau und ich Ihnen mündlich danken können. Wir sollen zwar am 7. Juni abreisen, aber bisher ist die Ausreiseerlaubnis, die über die Kontrollkommission in Berlin gehen muß, noch nicht da, so daß es mir sehr zweifelhaft erscheint, ob wir an diesem Tage werden abreisen können.

Über die wirtschaftliche, gesellschaftliche und politische Lage hier in Deutschland, wie sie sich in den letzten 2 Jahren, d. h. nach dem Zusammenbruch, entwickelt hat, zu schreiben, ist fast unmöglich. Man muß darüber sich einmal aussprechen. Ich hoffe, daß das demnächst möglich sein wird.

Ein sehr gefährliches Symptom der Entwicklung ist der sich immer stärker entwickelnde Herrschaftsanspruch der Gewerkschaften über die ganze Wirtschaft. Dieser Anspruch wird von in der britischen Zone maßgebenden Stellen sehr stark unterstützt, wie ja überhaupt in der britischen Zone die Gewerkschaften von diesen Stellen den Parlamenten gleichgestellt, wenn nicht sogar darüber hinausgehoben werden. Diese Totalitätsansprüche der Gewerkschaften finden von Unternehmerseite leider kaum Widerstand, weil viele maßgebende Leute auf Unternehmerseite, wenn auch leichte, braune Flecken haben, und deswegen zu bang sind, sich zu wehren. Gerade diese

Entwicklung halte ich für ungemein gefährlich für die Zukunft.
Überhaupt scheint der Totalitätsgedanke den Deutschen im Blute zu liegen. KPD und SPD sind totalitär ausgerichtete Parteien. Über die CDU werden wir sprechen müssen. Sie ist noch keine homogene Partei, aber ich glaube, daß ihr die Zukunft gehört, wenn man sie nur arbeiten läßt und wenn ihr nicht von stärkeren Kräften entgegengearbeitet wird.
Sie wissen ja doch, daß letzten Endes nur 2 große Fronten in Europa und der Welt noch vorhanden sind: die christlich-abendländische Front, deren stärkste Stütze hier in Deutschland die CDU und die CSU ist, und die asiatische Front.
Haben Sie nochmals recht herzlichen Dank für alles und seien Sie überzeugt, daß jedes Lebenszeichen von Ihnen die Erinnerung an die zusammen verbrachten Jahre [wachruft und] große Freude auslöst. Hoffentlich auf baldiges Wiedersehen in der Schweiz mit recht herzlichen Grüßen, auch von meiner Frau,

stets Ihr
(Adenauer)

An Ria und Walter Reiners, Mönchengladbach

*3. Juli 1947*

Liebe Ria, lieber Walter!

Seit dem 28. 6. sind wir im geliebten Chandolin. Es ist fast ganz unverändert und bei der durchweg prachtvollen Witterung einzigartig schön. Die Höhe vertragen wir gut, Mutter allerdings nicht so ganz Ia. Pont's sind sehr nett,

Pierre Pont ist jetzt 86 Jahre und arbeitet stundenlang im Garten. – Wir waren 1 Woche in Zermatt im Hotel Mont Cervin auf Einladung von Seiler. Gorner Gratfahrt sehr schön, nicht übernachtet, ebenso ein Maultierritt zum Schwarzsee (2700 m). Im Hotel ein geradezu glänzendes Essen, hier erheblich einfacher, aber nach deutschen Maßstäben ausgezeichnet. Überhaupt die Schweiz! Alles da, wenn auch teuer.
Die Höhe vertragen wir gut, Mutter allerdings nicht so gut wie ich. – Leider müssen wir am 10. 7. schon wieder von hier fort über Lausanne, Bern, Zürich, Lugano, Zürich nach Hause. Daheim wartet sehr viel politische Unruhe und Arbeit auf mich. – Es ist so schön hier, daß ich am liebsten alle Kinder, Schwiegerkinder und Enkel für 1 Monat nach hier einladen möchte. Alles ist hier so voll von Erinnerungen an frühere schöne Wochen – die Luft ist nach wie vor gut –, daß man Euch sehr vermißt.
Wie mag es Euch gehen? Hoffentlich einigermaßen gut. Wir freuen uns, Euch alle 4 bald wiederzusehen. Mutter will noch etwas schreiben.

Herzlichst Vater, Schwiegervater und Großvater

[P.S.] Die Aufnahme ist überall ungemein freundlich und liebenswürdig, auch seitens des Bundespräsidenten und einiger Nationalräte und Staatsräte, mit denen ich gesprochen habe.
[P.S. Gussie Adenauers] Alles, alles, Ihr Lieben, erinnert an Euch, und es wäre herrlich, Euch hier zu haben. Es ist wie ein Traum! Trotz der tollen Eindrücke in den Städten und der Liebe, die uns entgegengebracht wird, muß man

dauernd an die arme Heimat denken. – Bei allem Genuß hat man immer einen „Knubbel“ im Hals. In 14 Tagen sind wir wieder zu Hause, dann gibt es viel zu erzählen. Hier in Chandolin ist die Welt stehen geblieben.

Gruß und Kuß Mutter

AN MAURICE W. ALTAFFER, BREMEN

*10. August 1947*

Sehr geehrter Herr Generalkonsul!

Anliegend sende ich Ihnen das Buch „Die deutsche Frage“ von Wilhelm Röpke mit recht herzlichem Dank zurück. Ich habe das Buch mit größtem Interesse gelesen und stimme den Ausführungen Röpke’s in weitestem Maße, wenn auch nicht in allen Einzelheiten, durchaus zu. Es ist sehr bedauerlich, daß das Buch in Deutschland selbst nicht in großem Umfange verbreitet werden kann. Ich hoffe, daß wenigstens die Übertragungen ins Englische und Französische Verbreitung finden. Die Lösung der deutschen Frage kann ja nur erfolgen von innen her, d. h., wenn man die deutsche Entwicklungsgeschichte und die deutschen Veranlagungen kennt.
Ich schätze uns glücklich, daß Sie in Ihrer Position ein solches Verständnis für uns haben.
Ich würde mich freuen, Sie wiederzusehen, und bin mit vielen Grüßen

Ihr sehr ergebener
(Adenauer)

An Johannes Rings, Köln

*25. September 1947*

Lieber Herr Rings!

Haben Sie recht herzlichen Dank für Ihre lieben Worte vom 19. d. Mts. und die „Neue Zürcher" Zeitung. Wenn man die Dinge ruhig an sich vorüber gehen läßt und die ganzen Verhältnisse in Europa und in der Welt betrachtet, so sollte man allerdings verzweifelt. Aber schließlich muß man sich immer wieder emporraffen und versuchen, alles zu tun, was man kann, damit wieder Ordnung in das Chaos kommt. Ich freue mich, daß Ihr Enkel aus England zurück gekommen ist. Hoffentlich kommt auch der andere bald zurück. Wie ich ziemlich zuverlässig gehört habe, kann man damit rechnen, daß die deutschen Kriegsgefangenen in Rußland im Laufe des Jahres 1948 alle zurückkommen. Ich freue mich, daß die tapfere Familie Rings den Versuch macht, ihr altes Heim wieder aufzubauen. Ich hoffe, daß es mir doch bald möglich sein wird, mich durch einen Besuch bei Ihnen von dem Fortgang der Arbeit zu überzeugen. Mit recht herzlichen Grüßen von Haus zu Haus, wie immer,

Ihr

(Adenauer)

An Anton Eisenreich, Köln

*13. Oktober 1947*

Sehr geehrter Herr Eisenreich!

Im Prinzip haben Sie mit den Ausführungen Ihres Briefes vom 9. d. Mts. absolut Recht. Aber wir können doch nicht an der Tatsache vorbeigehen, daß das deutsche Volk durch

den Nationalsozialismus, den Krieg und die Not der Nachkriegszeit derartig innerlich aus gehöhlt worden ist, daß es mit besonderem Maßstab gemessen werden muß. Auf alle Fälle halte ich es für richtig, zu versuchen, auch die Saarländer jetzt nicht durch harten Tadel von uns zurückzustoßen, sondern zu versuchen, trotz der Abstimmung im Interesse des Deutschtums die nähere Fühlung mit ihnen zu behalten.
Mit vorzüglicher Hochachtung

Ihr ergebener
(Adenauer)

An Lucy Millowitsch, Lövenich bei Köln

*4. Januar 1948*

Liebe Frau Lucy!

Haben Sie herzlichen Dank für Ihren Brief vom 2. Januar. Ich hoffe mit Ihnen, daß das Jahr 1948 doch den Anfang der Besserung bringen wird. Einmal wird für das deutsche Volk ja doch wieder eine bessere Zeit kommen, wenn es sich nicht selbst aufgibt.
Die Lage Köln's macht mir ernste Sorge. Ich fühle ja doch nach wie vor als Kölner. Ich bitte Sie, Ihre Arbeit auch immer unter dem Gesichtspunkte zu betrachten, daß Sie damit zu einem wesentlichen Teil helfen, die kölnische Sprache und kölnischen Geist zu erhalten.
Meine Frau liegt seit über zweieinhalb Monaten in Bonn schwer krank im Krankenhaus. Zur Zeit ist eine leichte Besserung eingetreten, aber ihr Befinden ist nach wie vor ernst. Unser Weihnachtsfest war da durch sehr getrübt.
Ich denke, daß doch in den ersten Monaten dieses Jahres

Gussie Adenauer 1947

ich es schaffen kann, Sie zu sprechen. Mit recht herzlichen Grüßen

Ihr ergebener
(Adenauer)

An Gussie Adenauer,
St. Johannes-Hospital, Bonn

*10. Januar 1948*

Liebe geduldige Frau!

Daß die Blutuntersuchung das Vorhandensein von Neubildungen ergeben hat, ist m. E. die beste Nachricht seit Beginn Deiner Erkrankung. Offenbar haben also die Bluttransfusionen so anregend auf Deinen Körper und damit auch auf Dein Knochenmark gewirkt, daß dies wieder anfängt zu arbeiten. Nur jetzt nicht zu früh nachlassen!
Ich soll noch zu Bett liegen, weil ich noch etwas Temperatur habe – gestern abend 37,8, heute früh 37,2 –, es geht mir aber viel besser. Ich nahm Kopflichtbäder, eine für meinen Kopf sehr unangenehme Prozedur. Ich habe eine scheußliche Kopfschmerzneurose hinter mir.
Heute ist es viel besser. Ich hoffe, Dich Montag oder Dienstag besuchen zu können und freue mich *sehr* darauf. Es küßt Dich von ganzem Herzen mit dem sehnlichen Wunsche auf baldigstes weiteres Fortschreiten Deiner Genesung wie immer

D[ein] K[onrad]

An Jakob Kindt-Kiefer, Otelfingen-Zürich

*27. März 1948*

Sehr geehrter Herr Kindt-Kiefer!

Nach meiner Rückkehr drängt es mich, Ihnen zu sagen, wie sehr ich mit Freude und Genugtuung der mit Ihnen verbrachten Tage gedenke. Die Aussprache mit Ihnen hat mir einen ausgezeichneten Eindruck in das umfassende Hilfsprogramm der Christlichen Nothilfe [vermittelt]. Ich wünsche von Herzen, daß Sie mit Erfolg auf dem eingeschlagenen Wege fortschreiten. Das gilt insbesondere von der Hausbauaktion, der ich die denkbar größte Bedeutung beimesse. Ich würde Ihnen sehr dankbar sein, wenn Sie mich darüber auf dem laufenden hielten. Auch an die Besprechungen am Dienstagnachmittag denke ich mit großer innerer Befriedigung zurück, namentlich an den letzten Teil unserer Besprechung. Ich hoffe, ja ich bin überzeugt davon, daß Sie sich mit der Vermittlung dieser Aussprache ein außerordentlich großes Verdienst erworben haben.

Über die geistige Hilfe, die die Christliche Nothilfe uns zuteil werden lassen kann, habe ich mir in der Zwischenzeit allerhand Gedanken gemacht. Ich denke, daß wir uns in absehbarer Zeit einmal darüber aussprechen können. Heute darf ich Ihnen vielleicht folgende Anregung mitteilen, die ich Sie zu überlegen bitte: Bei unserer Arbeit, insbesondere auch bei öffentlichen Reden, wird uns von sozialdemokratischer und kommunistischer Seite, insbesondere aber auch von ernst zu nehmenden Exponenten der Sozialdemokratie, immer wieder entgegengehalten: „Was hat das Christentum seit 1000 Jahren geleistet? Wie hat es versagt?" Ich glaube, daß es gut wäre, wenn man in einer leicht faßlichen Darstellung einmal objektiv niederlegte, welchen Einfluß das Christentum von Anbeginn und im Laufe der Entwicklung auf die Geschicke der Menschheit in positivem, in gutem Sinne genommen hat, wie durch den Eintritt des Christentums in die Vorstellungswelt und in die geistige Welt des Abendlandes überhaupt ein Wandel zum Guten hin eingetreten ist. Des weiteren meine ich, man könnte die Werke der Barmherzigkeit, die bis zum heutigen Tage auf den verschiedensten Gebieten getan worden sind und getan werden, alle doch zurückführen auf die christliche Wurzel und könnte so denjenigen Kreisen, die am Christentum zweifeln, weil sie keine positiven Erfolge zu sehen glauben, beweisen, daß das Christentum immer wieder, und zwar alles in allem genommen mit großem Erfolge, die Menschheit zu einer höheren Stufe emporgehoben hat. Perioden der Erschlaffung, ja des Zurückweichens vor den Mächten des Bösen, wie die unsrigen, dürfen einem da den Blick nicht trüben. Das Werk müßte sich in seinem ganzen Niveau weit über eine Gelegenheitsschrift hinausheben und würde wohl am besten von einem Schweizer Herrn geschrieben werden. Bitte, überlegen Sie, ob eine derartige Apologetik der Tat des Christentums nicht sehr wertvolle Dienste leisten kann.

Die nötigen Schritte wegen Schaffung eines Wohnsitzes für Sie in Köln habe ich eingeleitet. Ich danke Ihnen nochmals, auch für meine Tochter, für Ihre Gastfreundschaft, die mich tief berührt hat, und bin mit vielen Grüßen

Ihr sehr ergebener
(Adenauer)

An Alfred Mozer, Amsterdam

*5. Juli 1948*

Sehr geehrter Herr Mozer!

Auf Ihr gefl. Schreiben vom 25. Juni d. Js. erwidere ich Ihnen ergebenst, daß die „Londoner Empfehlungen" katastrophal sind; der Versailler Vertrag ist dagegen ein Rosenstrauß. Das im einzelnen auseinanderzusetzen, würde zu weit führen. Ich hielt es für nötig, daß die deutschen Parteien, mit Ausnahme der KPD, gemeinsam ihre Ablehnung zum Ausdruck brächten. Ich versprach mir davon einerseits doch einen gewissen Eindruck bei den Alliierten, auf der anderen Seite leitete mich die Absicht, einer kommenden nationalistischen Partei in Deutschland, möge sie nun links- oder rechtsradikal sein, nicht den Propagandavorwand zu geben, daß die anderen Parteien versagt hätten.

Ich habe mich zuerst an den Vorstand der Sozialdemokratischen Partei gewandt, um eine solche gemeinsame Stellung herbeizuführen; falls ein Übereinkommen mit der SPD erzielt worden wäre, sollten Verhandlungen mit den anderen Parteien folgen. Leider waren die Herren vom sozialdemokratischen Parteivorstand, Ollenhauer, Heine, Henßler, nicht zu einer gemeinsamen Stellungnahme zu bewegen. Sie waren zwar in der Beurteilung der „Londoner Empfehlungen" mit mir völlig einig, erklärten aber, es handele sich um eine provisorische Regelung, und weiter, eine gesonderte Erklärung der einzelnen Parteien wäre nach ihrer Auffassung noch wirkungsvoller. Ich habe sehr bedauert, daß dieser Anfang der Zusammenarbeit der beiden großen deutschen Parteien fehlgeschlagen ist. Es wäre ein Anfang gewesen.

Mit herzlichen Grüßen

Ihr (Adenauer)

An Wim J. Schmitz, Heemstede, Niederlande

*8. Juli 1948*

Lieber Wim!

Inzwischen werden Sie aus der Schweiz zurück sein, hoffentlich nebst Ihrer Frau recht gut erholt. Wie Sie sich denken können, haben wir infolge der Währungsreform und der Umstellung der gesamten wirtschaftlichen Verhältnisse auch infolge der Verschärfung der politischen Probleme besonders unruhige und schwierige Zeiten. Das gilt insbesondere auch für mich, da ich ja infolge meiner politischen Stellung von allen solchen Fragen besonders ergriffen werde. Bis jetzt ist die Währungsumstellung und die wirtschaftliche Umstellung ein Erfolg. Es sind nicht so große Reibungen und Schwierigkeiten eingetreten, wie wir es befürchtet haben. Allerdings herrscht jetzt doch in weiten Kreisen, nachdem die Kopfquote aufgebraucht ist, große Sorge für die Zukunft. Das gilt vor allem von alten Leuten und von den Vertriebenen und Ausgebombten, die ihre letzten Sparpfennige durch die Geldentwertung verloren haben. Auch die Lage der Studenten ist außerordentlich kritisch geworden, weil etwa 80 % von ihnen von Hause her keine Unterstützung erwarten dürfen. Es ist in Aussicht genommen, von Staats wegen den Studenten wenigstens in etwa zu helfen, aber ob die Länder dazu in der Lage sein werden, ist noch keineswegs sicher. Die Lage in Berlin ist sehr kritisch. Ich brauche Ihnen darüber nichts zu sagen. Lola steht vor dem Umzug nach Köln. Dann wird es hier noch stiller werden. Sie war dann 5 Jahre bei uns. Andererseits freut es mich aber doch, daß Konrad und Lola nun endlich eine eigene Häuslichkeit bekommen. Ich denke noch immer mit Freuden zurück an den Aufenthalt bei Ihnen, an Ihre Frau und Ihre Kinder. Ich möchte Ihnen auch nochmals danken für die Gaben, die Sie mir damals mitgaben, besonders auch für die große Mühe, die Ihre Frau und Sie sich persönlich dabei auferlegt haben. Recht herzliche Grüße Ihrer Frau, Ihnen und Ihren Kindern von uns allen

Ihr
(Adenauer)

An Georg und Paul Adenauer,
Chandolin, Schweiz

*25. August 1948*

Lieber Paul, lieber Georg!

Ich diktiere diesen Brief, weil ich sonst doch nicht dazu komme, Euch einen längeren Brief zu schreiben. Euer ausführlicher Brief, der erste, der eintraf, hat mich wirklich sehr beruhigt. Ich begann schon, mir Unruhe Euretwegen zu machen, und wollte namentlich wissen, wie lange Ihr dort bleiben würdet und wo Ihr dann hingehen würdet. Euren Gedanken, zum Vierwaldstättersee zu gehen, finde ich sehr gut. Ich denke, daß Ihr dort auch ein passendes Unterkommen finden werdet für einige Tage, weil die

Schweizer Ferien ja nunmehr vorbei sind. Ich rate Euch aber dringend, den Zwischenaufenthalt nicht zu kurz zu bemessen, sondern auf etwa 5 Tage. Es ist ein derartiger eingeschobener Zwischenaufenthalt für Eure Gesundheit notwendig.

Libet ist am Montag recht froh nach Flüeli abgereist. Die Adresse ist: Internationales Studentinnenlager der Pax Romana, Jugendhaus, Flüeli über Sachseln. Wahrscheinlich wird sie sie Euch aber schon geschrieben haben oder noch schreiben.

[…]

Ich führe das übliche Leben: viel Reisen. Samstag und Sonntag haben wir noch den Parteitag der britischen Zone in Recklinghausen. Am Montag hoffe ich dann, nach Interlaken abfahren zu können. Wie lange ich dort bleibe und wo ich dort wohne, steht nicht fest, da ich ja völlig abhängig bin von dem Büro der Europäischen Union. Ihr wißt, daß man keine Devisen bekommt.

Irene und Konradin sind mit Keuchhusten bei uns, ebenso Schwester Cilli. Sie wird morgen oder übermorgen abgelöst durch Lotti Müller. Sie muß dann zu Lola zurück, die ja auch dringend ihrer Hilfe bedarf.

Konrad hat seine Zelte in der Rondorferstraße abgebrochen und ist nun heimgekehrt zu seiner Frau und seinen Kindern nach der Max-Bruch-Straße 6. Die Taufe des kleinen Georg, dessen Pate übrigens nicht Schorsch ist, sondern Dieter und Libet, verlief sehr schön und sehr stimmungsvoll. Sie wurde durch den Kardinal-Legaten selbst vorgenommen, der gleichzeitig noch drei andere Kinder taufte. Auch der Kaffee in der Max-Bruch-Straße 6, bei

dem auch Ria und Walter mit ihren Kindern anwesend waren, verlief sehr nett.
Das Domfest war glanzvoll. Es war eine imposante Kundgebung abendländischen Christentums und hat die kulturelle, überragende Bedeutung Köln's in Deutschland jedem klargemacht.
Pont's grüßt recht herzlich und auch die anderen Leute, die dort Grüße an mich übermittelt haben.
Ich bin in Gedanken viel bei Euch, und es tut mir sehr leid, daß ich nicht nach Chandolin kommen kann.
Das Wetter ist hier nach wie vor sehr veränderlich. Hoffentlich ist es dort besser.
Mit dem Erzbischof habe ich noch nicht sprechen können. Man kann eine solche Angelegenheit nicht bei Gelegenheit eines festlichen Zusammenseins, bei dem er sehr in Anspruch genommen ist, besprechen. Ich werde aber rechtzeitig mit ihm darüber sprechen. Nun genießt die wenigen Tage, die Ihr nach Eintreffen dieses Briefes noch haben werdet, recht sorgfältig und dankbaren Herzens.
Nehmt einen Gruß und Kuß von

Eurem Vater

## An Theophil Herder-Dorneich, Mainz

*20. September 1948*

Sehr geehrter Herr Präsident!

Bei Rückkehr von Verhandlungen im Ausland finde ich Ihr Telegramm vom 7.9.48 vor. Ich danke Ihnen für Ihre Grüße. Ich bitte Sie, versichert zu sein, daß die Arbeiten des Parlamentarischen Rates an dem deutschen Grundgesetz von dem Geist der Achtung vor der Würde der Person, vor den menschlichen Grundrechten und Freiheiten getragen sein werden. Ich glaube, jetzt schon sagen zu können, daß alles geschehen wird, um die persönliche Freiheit vor jeder Willkür, auch vor Willkür der Verwaltung, zu schützen.

Mit ausgezeichneter Hochachtung

Ihr sehr ergebener
(Dr. Adenauer)

## An Frans van Cauwelaert, Antwerpen

*8. Oktober 1948*

Sehr verehrter, lieber Herr van Cauwelaert!

Wie Sie wissen werden, tagt in Bonn der Parlamentarische Rat der drei Westzonen. Er hat u. a. die Aufgabe, den Entwurf einer Verfassung für die drei Westzonen fertigzustellen. Er wird sich daher mit der Frage zu beschäftigen haben, welche Stadt Sitz des Bundesparlaments und der Bundesregierung sowie evtl. auch des Bundespräsidenten werden soll. Frankfurt bewirbt sich sehr intensiv darum. Auf der anderen Seite wünschen das Land Nordrhein-Westfalen und die Stadt Bonn, daß Bonn Sitz werde. Ich persönlich bin der Auffassung, daß, auch vom Standpunkt der Westmächte aus gesehen, Bonn Frankfurt vorzuziehen ist, weil die alten traditionellen Verbindungen zwischen dem rheinischen Westen und den westlichen Nachbarn Deutschlands stärker sind als die Beziehungen zwischen Frankfurt und den westlichen Nachbarn. Ich bin ferner der Auffassung, daß es für die

Arbeit des künftigen Bundesparlaments und der Bundesregierung besser ist, wenn sie in einer verhältnismäßig kleinen Stadt, wie Bonn es ist, ihren Sitz haben, statt in dem lärmenden Frankfurt. Die Freunde des Planes, Bonn zum Sitz zu machen, befürchten nun, daß durch Dispositionen der belgischen Besatzungstruppen, von denen man spricht, die aber noch nicht endgültig getroffen sind, größere Bauten in Bonn, die für das Bundesparlament und die Bundesregierung, für Gesandtschaften usw. gebraucht würden, beschlagnahmt werden würden.
Ich bitte Sie, sehr verehrter Herr van Cauwelaert, soweit es Ihnen möglich ist, dafür Schritte zu tun, daß die Verwirklichung des Gedankens, Bonn zum Sitz zu machen, nicht durch doch immerhin nur vorübergehende Maßnahmen der belgischen Besatzungsbehörden unmöglich gemacht würde. Ich hoffe, daß wir uns im Laufe des Monats Oktober sehen. Ich möchte Ihnen dann noch einiges zu dieser Frage sagen. Mit herzlichen Grüßen wie immer

Ihr sehr ergebener
(Adenauer)

An Stephen Heineman, New York

*30. Dezember 1948*

Lieber Herr Heineman!

Ihr Weihnachtspaket kam noch rechtzeitig an. Ich danke Ihnen sehr dafür. Wir haben uns alle von Herzen darüber gefreut. Meine unverheirateten Kinder waren Weihnachten alle zu Hause, aber wie Sie sich denken können, war doch das Weihnachtsfest überschattet.

Die politische Arbeit läßt nicht nach. Im Parlamentarischen Rat, dessen Präsident ich ja bin, sind große Schwierigkeiten entstanden zwischen meiner Partei und der sozialdemokratischen Partei, und zwar hat die Sozialdemokratie sehr heftige Angriffe gegen mich gerichtet. Zugrunde liegen aber parteitaktische Manöver. Es ist sehr schade, daß infolge solcher parteitaktischen Schwierigkeiten die sachliche Arbeit leidet. Auf sachlichem Gebiet bestehen zwischen diesen beiden Parteien verschiedene große Meinungsverschiedenheiten. Ob und wie sie sich überbrücken lassen werden, weiß ich noch nicht. Dringend nötig ist aber, daß wir so schnell wie möglich eine westdeutsche Bundesregierung bekommen. Die Notwendigkeit der möglichst baldigen Schaffung einer solchen Bundesregierung tritt auch wieder klar zu Tage durch das eben bekannt gewordene Ruhrstatut. Erst wenn eine westdeutsche Bundesregierung besteht, werden die Deutschen in der durch dieses Statut geschaffenen Ruhrbehörde mindestens einen gewissen Einfluß ausüben können.
Ich lege Ihnen zu Ihrer Unterrichtung bei, was ich als meine Auffassung über das Ruhrstatut der Presse übergeben habe.
Ich hoffe, daß es Ihrem Vater und Ihrer Mutter gut geht und daß Ihre Schwester recht glücklich geworden ist. Ich würde mich freuen, Sie bald wiederzusehen. Ich möchte dann von Ihnen gerne etwas über die Entwicklung in Amerika hören. Es sieht fast so aus, als ob in Amerika wieder Morgenthau-Ideen etwas mehr an Boden gewännen, hoffentlich nur vorübergehender Art.

Grüßen Sie Ihre Eltern vielmals und seien Sie selbst von meinen Kindern und mir herzlich gegrüßt. Alles Gute für das Jahr 1949!

Ihr sehr ergebener
(Adenauer)

AN HERMANN J. ABS, BEUTGERHOF,
REMAGEN/RHEIN

*3. Januar 1949*

Sehr geehrter Herr Abs!

Haben Sie recht herzlichen Dank für Ihre freundlichen, fast möchte ich sagen teilnehmenden Worte in Ihrem Brief vom 31. 12. 1948. Ich glaube, wir beide sind uns über die Lage völlig klar. Wir wissen, was für Deutschland und Europa in diesem Jahre auf dem Spiel steht, und wir kennen auch die wirklich erschütternden, in den Menschen selbst liegenden Schwierigkeiten in unserem Lande.

Daß Sie wieder tätig sind, ist mir eine wirkliche Freude und eine Beruhigung. Es drängte mich schon lange, Ihnen das einmal zu sagen, aber Sie wissen ja aus eigener Erfahrung, daß man nicht dazu kommt, private Briefe zu schreiben, wenn einem nicht ein solcher Anlaß wie der Jahreswechsel die Feder in die Hand gibt.

Ich wünsche Ihnen und Ihrer Frau von Herzen alles Gute und hoffe auf eine gedeihliche Zusammenarbeit, jeder an seiner Stelle. Mit herzlichen Grüßen

Ihr
(Adenauer)

An Elise Goldschmidt-Gromeier, Amsterdam

*31. Januar 1949*

Sehr verehrte Frau Goldschmidt!

Ihr Brief vom 18.1. hat mich sehr gefreut. Es war mir sehr interessant, von Beobachtern, wie Sie und Ihr Mann es sind, ein Urteil über die Verhältnisse in Deutschland zu hören.

Ich glaube, Sie haben gut beobachtet. In der Zwischenzeit haben sich die Dinge nun wiederum verändert und, wie ich annehme, doch zum Besseren. Was uns am bittersten nottut, das ist eine westdeutsche Regierung. Bei den Zuständen, wie sie in der Ostzone herrschen, völlige Sowjetisierung, schrankenlose Herrschaft der SED und der Russen, Aufstellung einer stark bewaffneten Polizeimacht mit sowjetrussischer und SED-Tendenz, ist an eine Wiedervereinigung aller Zonen ja leider einstweilen nicht zu denken. Eine westdeutsche Bundesregierung ist aber absolut notwendig, damit die drei Westzonen bei der europäischen Entwicklung sowie beim Ruhrstatut mitsprechen können. Wir stehen im Parlamentarischen Rat kurz vor der Beendigung der Schaffung eines Grundgesetzes, der ersten Voraussetzung für das Inslebenrufen einer westdeutschen Bundesregierung. Ob das Interview, das Stalin mit einem amerikanischen Journalisten gehabt hat und in dem er sich bereit erklärt hat, falls USA, England und Frankreich auf die Schaffung eines westdeutschen Bundes verzichten, die Blockade aufzuheben, weitere Folgen haben wird und ob dadurch unsere Arbeit lahmgelegt wird, läßt sich noch nicht überschauen. Ich fürchte, daß ein Stillstand

dieser Arbeit nur im Interesse Sowjetrußlands liegen würde.
Für das Paket sage ich Ihnen auch namens meiner Kinder recht herzlichen Dank. Wir haben uns sehr darüber gefreut, und es war sehr willkommen.
Mit herzlichen Grüßen an Sie und Ihren Mann

Ihr sehr ergebener
(Dr. Adenauer)

AN ADA DEICHMANN, WYNBERG/KAPPROVINZ, SÜDAFRIKA

*16. Mai 1949*

Liebe Frau Deichmann!

Herzlich danke ich Ihnen für Ihren Brief vom 17. März. Die Schilderung der Verhältnisse dort, die Ihr Brief enthält, interessiert mich sehr. Sie ist geeignet, in mehr wie einer Hinsicht falsche Vorstellungen, die man von Süd-Afrika hat, zu zerstören.
In der Zwischenzeit sind die Ereignisse in Europa auch ihren Gang weitergegangen. Ich riet Ihnen damals im Hinblick auf drohende Kriegsgefahr, so lange wie möglich dort zu bleiben. Es scheint, als wenn die unmittelbare Kriegsgefahr wenigstens zunächst behoben ist. Die Pariser Konferenz, die ja am 23. beginnt, erfüllt uns wegen der zeitweise etwas unklaren Haltung von USA mit einiger Sorge. Wir befürchten, daß Zugeständnisse an Rußland gemacht werden, bei denen zum großen Teil Deutschland der Preis sein würde, den Amerika eventuell für Ruhe zu zahlen bereit sein würde. Andererseits ist

doch in England die russische Gefahr so deutlich erkannt worden, und ich glaube, daß man auch gerade im Foreign Office die Bedeutung Deutschlands als Schutzwall gegen die kommunistische Sturmflut so klar erkannt hat, daß wir doch hoffen können, es wird nichts in Paris geschehen, was uns wirklich schädigt. Die Blockade Berlins ist zwar aufgehoben, aber es besteht alles andere als freier Verkehr mit Berlin. Der Verkehr mit Berlin ist denselben Schwierigkeiten unterworfen, die im März 1948 bestanden haben. Zur Aufhebung der Blockade am 12. Mai war ich mit einer Anzahl von Mitgliedern des Parlamentarischen Rates in Berlin. Die Freude der Berliner war sehr groß. Aber eine gewisse Enttäuschung zeigte sich doch bei allen Einsichtigen. Sie hatten geglaubt, es würden alle Verkehrsbeschränkungen wegfallen. Der gesundheitliche Zustand der Berliner Bevölkerung ist verhältnismäßig gut. Aber die Leute sehen doch sehr schlecht aus und sind auch sehr schlecht gekleidet. Alles in allem genommen sind die Verhältnisse dort so, wie sie bei uns vor etwa 2 Jahren waren. Das gleiche gilt auch in wirtschaftlicher Hinsicht.

Wir haben im Hinblick auf die Pariser Konferenz die Arbeiten im Parlamentarischen Rat zum Schluß außerordentlich beschleunigt und das Grundgesetz für die drei Westzonen nach sehr anstrengenden Wochen am 8. [Mai] verabschiedet, und zwar gegen die Stimmen des Zentrums, einiger Mitglieder der CSU, der Deutschen Partei und der Kommunisten. Es findet nunmehr in den Landtagen die vorgesehene Abstimmung statt. Möglicherweise wird der Bayerische Landtag dagegen stimmen. Aber da das Grundgesetz für alle 11 Länder der drei Zonen gilt, wenn es in 2/3 der Länder angenommen ist, ist es ohne Zweifel, daß es demnächst geltendes Recht wird. Am 23. Mai, dem Tage des Beginns der Pariser Konferenz, wird der Parlamentarische Rat in einer feierlichen Schluß-Sitzung die Annahme durch die Landtage feststellen und das Grundgesetz verkünden. Dann beginnt die Vorbereitung zu den Bundestagswahlen, die von entscheidendster Bedeutung sein werden. Wenn irgend möglich, sollten die Wahlen noch im Laufe des Juli abgehalten werden, damit die Deutsche Bundesregierung noch im Laufe des Sommers ihre Arbeit aufnehmen kann.

Das Besatzungsstatut ist in der Zwischenzeit auch verkündet worden. Es bedeutet einen sehr wesentlichen Fortschritt gegenüber dem jetzigen Zustand. Bonn ist einstweilen Sitz des Bundes. Die Sozialdemokratie stimmte geschlossen für Frankfurt. Ich freue mich, daß Bonn Sitz des Bundes wird. Die Umgebung, die geistige Atmosphäre wird auch von großem Einfluß sein. Wenn Sie zurückkommen, werden Sie also manche Veränderung hier vorfinden, aber wie ich glaube, zum Besseren.

Ich freue mich, Sie bald wiederzusehen, und bin mit herzlichen Grüßen wie immer

Ihr
(Dr. Adenauer)

An Dannie N. Heineman, Brüssel

*12. Juni 1949*

Lieber Herr Heineman!

Eben kommt Herr Samuel und sagt mir, daß er morgen nach Brüssel fahre. Er überbringt mir Ihre Grüße. Ich danke Ihnen vielmals dafür und auch für Ihre freundlichen Worte. Ich benutze gerne diese Möglichkeit, einige für Sie persönlich bestimmte Mitteilungen zu machen:

1.) Die Pariser Konferenz wird mit größter Wahrscheinlichkeit völlig oder ungefähr negativ ausgehen. Das ist gut so. Jede Verbindung zwischen Westdeutschland und Ostdeutschland würde, solange dieses Ostdeutschland nichts anderes als ein Satellit Sowjet-Rußlands ist, die Macht der Sowjets in Deutschland stärken.

2.) Das Ausscheiden von General Clay ist allgemein von uns bedauert worden. Er hatte sich in seiner Aufgabe vorzüglich eingearbeitet. Er ist ein kluger Mann. Kennen Sie seinen Nachfolger, Herrn McCloy? Wenn Sie ihn kennen, so weisen Sie ihn bitte auf mich hin.

3.) Die Europäische Union, der Zusammenschluß Westeuropas, ist eine nicht sehr aussichtsreiche Angelegenheit, weil anscheinend England, wohl im Hinblick auf seine Dominien, einen wirklichen Zusammenschluß verhindert. Das europäische Parlament z. B., das vorgesehen ist, soll nur ein Mal im Jahre einen Monat lang tagen. Es kann nur konsultative Beschlüsse fassen. Meines Erachtens muß Amerika mit größter Energie darauf dringen, daß es wirklich zu einer Europäischen Union kommt. Es ist sonst Westeuropa gegenüber Asien nicht zu halten.

4.) Die wirtschaftliche Lage in Deutschland betrachte ich

Im Parlamentarischen Rat

mit einer gewissen Besorgnis. Es mangelt uns an Kapital. Dadurch kommt die Wirtschaft ins Stocken, die Arbeitslosigkeit nimmt zu.
5.) Die Bundestagswahlen sind am 14. August. Ihr Ausgang ist von größter internationaler Bedeutung. Wenn sie für die Sozialdemokratie erfolgreich verlaufen, wird eine sozialistische deutsche Regierung in Abhängigkeit sein von der sozialistischen englischen Regierung. Beide zusammen werden dem neuen Europa ein sozialistisches Gesicht geben.
Die Labour-Party unterstützt gutem Vernehmen nach die deutsche Sozialdemokratie mit großen Geldmitteln. Die englische Regierung hat die öffentliche Meinung in der britischen Zone, die mehr als die Hälfte der drei Zonen umschließt, fast ganz in die Hände der Sozialdemokraten gespielt. Das gilt sowohl vom Rundfunk, wie von den Nachrichtenagenturen, wie vom Zeitungswesen.
Wenn es Ihrer Überzeugung entspricht, so machen Sie bitte maßgebende amerikanische Kreise darauf aufmerksam, daß die CDU, meine Partei, demokratisch, fortschrittlich und sozial, aber nicht sozialistisch ist, daß die amerikanischen Stellen der Unterstützung der Sozialdemokratie durch die Briten entgegenwirken müssen.
Ich habe mich sehr gefreut, daß Sie so außerordentlich frisch und lebendig waren. Ich fand Sie ganz unverändert gegenüber unserem letzten Zusammentreffen. Ich hoffe, daß wir uns bald wiedersehen und bin mit vielen herzlichen Grüßen

Ihr
(Adenauer)

## An Goetz Briefs, Chevy Chase/Maryland

*5. August 1949*

Sehr geehrter Herr Professor!

Wie Sie wissen, wird die Wahl am 14. August entscheidend dafür sein, ob wir in Deutschland eine sozialistische Regierung mit allen ihren Konsequenzen erhalten oder ob wir zu einer Regierung kommen, die auf politischem und wirtschaftlichem Gebiet eine freiheitliche demokratische Ordnung verwirklichen wird. Ich bin der Überzeugung, daß weite amerikanische Kreise daran interessiert sind, daß die Kräfte in Deutschland gefördert werden, die sich für eine freie Wirtschaft einsetzen, die zugleich der Lösung der großen sozialen Fragen dient. Leider müssen wir hier in Deutschland immer wieder feststellen, daß die Ziele und Absichten der Union in der amerikanischen öffentlichen Meinung viel zu wenig bekannt sind. Die amerikanische Presse bringt oft Berichte, die oberflächlich und irreführend sind. In diesen wird die Christlich-Demokratische Union meist als reaktionäre katholische Partei hingestellt. Ich wäre Ihnen für die Beantwortung der Frage dankbar, wie in der amerikanischen Presse eine gründlichere, den Tatsachen entsprechende Berichterstattung erreicht werden könnte. Ich füge diesem Schreiben einiges Material bei, aus dem Sie die Programmatik unserer Partei ersehen mögen und das vielleicht publizistisch ausgewertet werden kann.

Mich beschäftigt aber noch etwas weiteres. Der Führer der Sozialdemokratie, Dr. Schumacher, soll nach zuverlässigen Informationen über die mangelhafte Unterstützung durch die Labour Party in der letzten Zeit so ent-

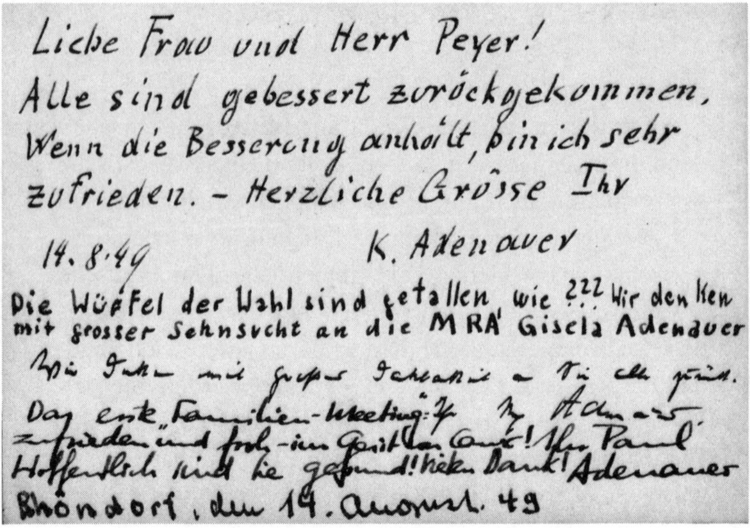
Liebe Frau und Herr Peyer!
Alle sind gebessert zurückgekommen.
Wenn die Besserung anhält, bin ich sehr
zufrieden. – Herzliche Grüsse Ihr
14.8.49 K. Adenauer
Die Würfel der Wahl sind gefallen wie ??? Wir denken
mit grosser Sehnsucht an die MRA Gisela Adenauer
[illegible]
Das erste „Familien-Meeting": [illegible] Adenauer
zufrieden und froh – im Geist von Caux! Ihr Paul
Hoffentlich sind Sie gesund! Vielen Dank! Adenauer
Rhöndorf, den 14. August 49

14. August 1949, am Tag der ersten Bundestagswahlen:
Grüße der Familie Adenauer an Freunde in der Schweiz

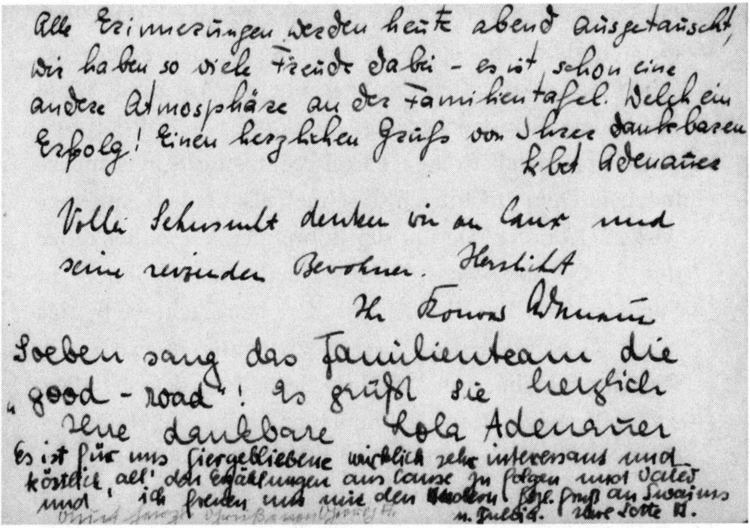
Alle Erinnerungen werden heute abend ausgetauscht, wir haben so viele Freude dabei – es ist schon eine andere Atmosphäre an der Familientafel. Welch ein Erfolg! Einen herzlichen Gruß von Ihrer dankbaren Libet Adenauer

Voller Sehnsucht denken wir an Caux und seine reizenden Bewohner. Herzlichst

Ihr Konrad Adenauer

Soeben sang das Familienteam die „good-road"! Es grüßt Sie herzlich Ihre dankbare Lola Adenauer

Es ist für uns Hiergebliebene wirklich sehr interessant und köstlich, all' den Erzählungen aus Caux zu folgen und Vater und ich freuen uns wie den [illegible]. Herzl. Gruß an Swaims m. [illegible]. Ihre Lotte A.

täuscht sein, daß er das bisher bestehende enge Verhältnis lösen und durch engere Verbindung zu den amerikanischen Gewerkschaften ersetzen möchte. Auf diese Weise hofft Herr Schumacher in Amerika für Sozialisierungspläne der sozialistischen Partei rechtzeitig Stimmung zu machen. Dem möchte ich so schnell als möglich entgegenwirken. Könnten Sie mit den führenden Persönlichkeiten der C.I.O. und A.F.L. Fühlung nehmen und ihnen die Sachlage mit Eindringlichkeit darlegen? Ich weiß, daß beide Gewerkschaften den Sozialismus marxistischer Richtung ablehnen und daß sie deshalb in den sozialistischen Parteien des Kontinents nicht ihre Verbündeten sehen. Sollten Sie in der Lage sein, mir einige praktische Wege zu zeigen, wie eine engere Beziehung zu den beiden großen Gewerkschaften hergestellt werden kann – etwa durch die Entsendung eines hervorragenden christlichen Gewerkschaftlers nach Amerika –, so wäre ich Ihnen hierfür sehr dankbar.

Mit freundlichen Grüßen

Ihr sehr ergebener
(Dr. Adenauer)

An Paul Löbe, Berlin-Grunewald

*27. August 1949*

Sehr verehrter Herr Löbe!

Nach den Nachrichten, die das hiesige Büro vorliegen hat, sind Sie das älteste Mitglied des Bundestages und ich das zweitälteste. Der Unterschied ist Ihnen ja bekannt. Sie haben leider nur beratende Stimme. Ich bin aber der Auffassung, daß Sie als Alterspräsident den Bundestag eröff-

nen sollten und ich würde mich, falls Sie damit einverstanden sind, auch in meiner Fraktion dafür einsetzen. Mich leitet dabei insbesondere die Erwägung, daß wir hierdurch Berlin und den Osten besonders auszeichnen.
Ich gestatte mir, Ihnen diese Mitteilung zu machen, damit Sie sich entsprechend vorbereiten können. Ich wäre Ihnen sehr dankbar, wenn Sie mir möglichst bald eine zustimmende Antwort übermitteln würden.
Mit vielen Grüßen

Ihr sehr ergebener
(Dr. Adenauer)

AN HELENE WESSEL, MÜNSTER

*27. August 1949*

Sehr geehrte Frau Wessel!

Anläßlich unserer kürzlichen Unterhaltung auf dem Rittersturz hatten Sie den Wunsch geäußert, einiges über das Programm der von mir geplanten Koalitions-Regierung zu erfahren: Ich darf Ihnen hierzu folgendes ausführen:
Meine Freunde sind mit mir einig, daß auf innenpolitischem Gebiet die Fortführung der Frankfurter Wirtschaftspolitik unerläßlich sein wird. Allerdings haben wir die feste Absicht, unsere ganze Arbeit in erster Linie der sozialen Frage, und zwar der Sorge für die Vertriebenen und für die weiten Kreise aller derer zu widmen, die infolge der Katastrophe von 1945 und der harten Auswirkung der Währungsreform von 1948 heute gezwungen sind, ein wirtschaftlich und sozial menschenunwürdiges Dasein zu führen. In diesem Zusammenhang hat der noch zu schaf-

fende definitive Lastenausgleich ganz besondere Bedeutung. Wenn ich sage, daß wir entschlossen sind, die Frankfurter Wirtschaftspolitik fortzuführen, so denke ich hierbei in erster Linie daran, die Gefahr einer vermehrten Arbeitslosigkeit durch eine möglichst starke Ausdehnung unserer industriellen Produktion zu überwinden, und zwar dadurch, daß wir mit allen Mitteln versuchen wollen, diese Produktion durch Investierungskredite des Auslands zu steigern. Anzeichen aus dem Ausland, [einer nicht sozialistischen Tendenzen zuneigenden Koalition solche Kredite zu geben], liegen vor.

Im übrigen wird die CDU in der kommenden Bundesregierung ihre Politik auf die proklamatischen Erklärungen stützen, wie sie in dem Ahlener Programm vom Februar 1947 und in den Düsseldorfer Leitsätzen vom Juli 1949, von denen ich je ein Exemplar beifüge, niedergelegt sind.

Auf außenpolitischem Gebiet liegt unsere Linie fest. Sie richtet sich in erster Linie darauf, ein enges Verhältnis zu den Nachbarstaaten der westlichen Welt, insbesondere auch zu den Vereinigten Staaten herzustellen. Es wird von uns mit aller Energie angestrebt werden, daß Deutschland so rasch wie möglich als gleichberechtigtes und gleichverpflichtetes Mitglied in die europäische Föderation aufgenommen wird. Bei der Durchführung dieser Absichten werden wir besonders eng mit den anderen in den westeuropäischen Völkern sich immer stärker entwickelnden christlich-demokratischen Kräften zusammenarbeiten. Die lebhaften Kundgebungen führender christlicher Politiker aus Italien, Frankreich, Belgien, Holland und Öster-

reich [, die mir aus Anlaß des Ausganges der Wahlen zuteil wurden,] zeigen, daß auch von deren Seite auf eine gegenseitige Förderung und Zusammenarbeit großer Wert gelegt wird.
Ich hoffe, daß diese Ausführungen Ihnen zeigen, worauf es mir und meinen Freunden im wesentlichen ankommt. [...]
Mit freundlichen Grüßen

Ihr ergebener
Dr. Adenauer

## An Julian I. Piggott, London

*5. September 1949*

Lieber Herr Piggott!

Über Ihren Brief vom 31.8. d.Js. habe ich mich sehr gefreut. Ich habe wiederholt versucht, in Erfahrung zu bringen, wie es Ihnen gehe. Mir war gesagt worden, daß Sie in die Kolonien gegangen seien und Farmer geworden wären.
Ich danke Ihnen auch für Ihre Zuschrift an den „Observer". In England hat man leider eine ganz falsche Vorstellung von meiner Einstellung gegenüber England. Man glaubt, ich sei anti-britisch eingestellt. Dabei bin ich das in keiner Weise. Im Gegenteil. Aber ich bin nicht einverstanden damit, daß die britische Besatzungsmacht die deutschen Parteien mit zwei Maßstäben mißt und die eine gegen die andere zu unterstützen sucht.
Während der ersten Besatzung, an der Sie in so hervorragender Weise in Köln tätig waren, war man sehr viel objektiver. Ich habe oft die vorbildliche Neutralität

gegenüber den Deutschen, die Sie damals gezeigt haben, rühmend hervorgehoben.

Es würde mich sehr freuen, Sie wiederzusehen.

Mit vielen Grüßen

Ihr

(Adenauer)

## An Dannie N. Heineman, New York

*1. Oktober 1949*

Lieber Herr Heineman!

Haben Sie herzlichen Dank für Ihren Brief vom 6. September. Ich würde mich sehr freuen, Sie bald zu sehen. Sie haben recht, wirtschaftliches Denken könnte alles in Ordnung bringen, aber politisches Denken ist oft sehr unvernünftig, weil es von Leidenschaften geleitet wird.

Herzliche Grüße

Ihr

(Adenauer)

## An Heinrich Brüning, Hartland/Vermont

*3. Oktober 1949*

Sehr geehrter Herr Reichskanzler,

Seien Sie herzlichst bedankt für Ihre guten Wünsche aus Anlaß meiner Wahl zum Bundeskanzler, die mich sehr bewegt haben. Ich habe mich sicherlich nicht leichten Herzens entschlossen, die schwere Aufgabe zu übernehmen. Ich hoffe, daß es den zähen Bemühungen von Regierung und Bevölkerung gelingen wird, die so schweren Probleme zu überwinden und ein wahrhaft christliches und

Bundespräsident Heuss überreicht Adenauer die Ernennungsurkunde zum Bundeskanzler (20. September 1949)

demokratisches Deutschland in einem friedlichen Europa wieder aufzubauen.
Ich erwidere Ihre guten Wünsche herzlichst und verbleibe mit besten Grüßen

Ihr aufrichtig ergebener
(Konrad Adenauer)

An John J. McCloy, Bonn-Petersberg

*8. Februar 1950*

Lieber Herr McCloy!

Heute finde ich in deutschen Zeitungen die Mitteilung, daß ein amerikanischer Sprecher anscheinend gestern folgendes erklärt hat:
„Dr. Adenauer habe bisher sehr wenig für eine gute Zusammenarbeit zwischen seinen Regierungsstellen und der gesamten Presse getan und dürfe sich heute nicht über das Echo wundern."
Anscheinend hat derselbe Sprecher von mir auch behauptet, daß ich in Oberhausen von einer „konstanten Boshaftigkeit" der Auslandspresse gesprochen habe. Ich gestatte mir, Ihnen mitzuteilen, daß ich niemals eine derartige oder ähnliche Äußerung getan habe. Ich darf diese Gelegenheit benutzen, um Ihnen meine gestrigen mündlichen Darlegungen schriftlich zu wiederholen. Jede öffentliche Kritik alliierter Stellen an der Bundesregierung sollte tunlichst vermieden werden, weil sie das Ansehen der Bundesregierung und der Bundesrepublik in der deutschen Öffentlichkeit sehr beeinträchtigt. Durch solche Kritik nützt man nur denjenigen, die entweder sagen, die

Bundesregierung stehe vollständig unter der Herrschaft der Alliierten – siehe die Ostzone – oder aber nationalistischen Elementen. Ich danke Ihnen für Ihre gestrige Erklärung, daß Sie derartige öffentliche Stellungnahmen in Zukunft nicht mehr zulassen würden, bis eine Aussprache mit der Bundesregierung erfolgt ist.
Ich versichere Ihnen, daß unsere gestrige Unterredung mich sehr befriedigt hat, und bin
mit freundlichen Grüßen

Ihr ergebener
(Adenauer)

AN JOHN H. FREEMAN, HONNEF

*27. April 1950*

Sehr geehrter Herr Freeman!

Für Ihren Brief vom 25. April danke ich Ihnen sehr. Ich bin Ihnen für die daraus sprechende Gesinnung und die Teilnahme an meiner Arbeit sehr verbunden. Das folgende möchte ich Ihnen ausführen, damit Sie mich verstehen. Ich kann bei meinen Reden auf die Gefühle des Auslandes nur soweit Rücksicht nehmen, als mein Ansehen und mein Einfluß in der deutschen Bevölkerung dadurch nicht Schaden leiden. Ich muß besorgt sein, daß das Letztere nicht eintritt, weil ich genügend Einfluß im deutschen Volke haben muß, um es in die westliche Gemeinschaft hineinzuführen. Ich bitte Sie, daher zu verstehen, daß ich bei der Wahl meiner Ausdrücke und bei meinen Formulierungen immer zwischen Szylla und Charybdis hindurch muß.
Noch ein weiteres möchte ich Ihnen sagen. Unter Brüning,

der gegenüber dem Ausland immer sehr „brav" war, hat man Deutschland nichts gegeben. Dem Verbrecher Hitler hat man in den ersten Jahren seiner Kanzlerschaft fast alles gegeben, was er wollte. Diese Erfahrung ist natürlich auch nicht dazu angetan, gegenüber den Alliierten zu vorsichtig zu sein. Als die Saarfrage unlängst hier so viel Erregung hervorgerufen hat, ist von manchen Leuten gesagt worden, Frankreich habe Hitler 1935 die Saar zurückgegeben, dem demokratischen Deutschland nimmt es sie ab.

Was nun die Interviews angeht, so bleibt mir ja gar nichts anderes übrig, als diesen Weg zu gehen, weil die Stimme der deutschen Bundesregierung im Auslande ja nicht gehört, geschweige denn gewürdigt wird.

Ich möchte gern baldmöglichst, am besten, wenn Herr Blankenhorn zurück ist, mit Ihnen einmal wieder über die ganze Lage sprechen.

Mit herzlichen Grüßen

Ihr ergebener
(Adenauer)

An Robert Schuman, Paris

*8. Mai 1950*

Sehr geehrter Herr Präsident,

Es ist mir ein Bedürfnis, Ihnen auch persönlich für das Schreiben zu danken, mit dem Sie mich über die Absichten der französischen Regierung hinsichtlich einer engen deutsch-französischen Zusammenarbeit auf dem Gebiet von Kohle, Stahl und Eisen unterrichten.

Das deutsch-französische Verhältnis hat in den letzten

Auf dem Petersberg, nach einer Sitzung mit der Alliierten Hohen Kommission

Wochen und Monaten verschiedene erhebliche Rückschläge erlebt. Es ist mir eine besondere Freude, daß nunmehr mit diesem Plan der französischen Regierung die Beziehungen zwischen unseren beiden Ländern, die in Mißtrauen und Reserve zu erstarren drohten, einen neuen Auftrieb zu konstruktiver Zusammenarbeit erfahren.
Diese gute Nachricht erreicht mich in einem Augenblick, in dem ich mich entschlossen habe, dem Bundeskabinett den Beitritt der Bundesregierung zum Europarat zu empfehlen. Das Bundeskabinett wird hierüber morgen Beschluß fassen, und ich zweifle nicht, daß dieser Beschluß positiv ausfallen wird. Es wird sich sodann der Bundestag mit dieser wichtigen Frage beschäftigen, und ich glaube, daß auch er – allerdings gegen die Stimmen der Sozialdemokratie – den Beitritt Deutschlands beschließen wird. Damit ist eine wichtige Etappe in der Nachkriegsentwicklung erreicht, und ich hoffe, daß Deutschland in Straßburg einen nützlichen Beitrag zum Wiederaufbau unserer europäischen Welt leisten wird.
Der Plan der französischen Regierung, den Sie mir in großen Zügen entwickelt haben, wird in der deutschen öffentlichen Meinung einen starken Widerhall finden, da zum ersten Mal nach der Katastrophe des Jahres 1945 Deutschland und Frankreich gleichberechtigt an einer gemeinsamen Aufgabe wirken sollen. – Ich werde glücklich sein, wenn diese von mir seit [1924] verfolgten Gedanken zur Wirklichkeit werden.
Mit freundlichen Grüßen

Ihr sehr ergebener
(Adenauer)

An Paul Silverberg, Lugano

*11. Mai 1950*

Lieber Herr Silverberg!

Haben Sie herzlichen Dank für Ihre guten Wünsche zur Vermählung meiner Tochter Libet.
In diesen Tagen ist ja nun durch Frankreich das Projekt, mit dem Sie, Hugo Stinnes und ich im Jahre [1924] uns beschäftigt haben – die Vereinigung der französischen und deutschen Kohlen- und Eisenproduktion –, einen entscheidenden Schritt vorwärts gekommen. Ich habe lebhaft an unsere damaligen Besprechungen gedacht. Ich bin mir natürlich darüber klar, daß eine sehr große und sehr schwierige Arbeit vor den französischen und vor den deutschen Unterhändlern steht. Aber der französische Schuman[-Plan] ist doch für uns Deutsche, glaube ich, ungemein wertvoll und ein großer Erfolg.
Mit vielen Grüßen

Ihr
(Adenauer)

An Alois Zimmer, Montabaur

*24. Juli 1950*

Lieber Herr Zimmer!

Hier, wo man mehr Zeit zum ruhigen Nachdenken hat als in Bonn, geht mir die Zukunft unserer Partei sehr durch den Kopf. Ich finde, daß man zur Zeit unserer Partei folgende Mängel sehr anmerkt:
1. Sie ist sehr schnell aus verschiedenartigsten Elementen entstanden. Es schwindet die einheitliche weltanschauliche Grundlage, jedenfalls tritt sie zurück.

2. Die politische Lage in Deutschland hat es mit sich gebracht, daß zunächst die einzelnen Landesparteien entstanden sind und daß so – abgesehen vielleicht von der britischen Zone, aber auch dort ist es nicht so, wie es sein sollte – die Landesparteien eine zu große Selbständigkeit beanspruchen. Auf der gleichen Entwicklung beruht es, daß die Fraktionen in den Länderparlamenten eine zu selbständige Politik, sogar gegenüber ihren eigenen Landesparteien, treiben. Endlich marschiert die Bundestagsfraktion ganz selbständig. So bieten wir viel zu wenig das Bild einer großen, geschlossenen Partei, die weiß, was sie will, und die in den großen politischen Fragen einer einheitlichen Linie folgt.
Aus alledem ergibt sich folgendes:
Bei der Schaffung des Statuts und bei dem ganzen Aufbau der neuen Organisation wird eine stärkere Zusammenfassung und Zentralisation unbedingt notwendig sein. Ich rede keinem „Führer“ der Partei das Wort, wohl aber einem Führungsgremium der Gesamtpartei, das auf die Landesparteien und je nachdem auf die Landtagsfraktionen mit Nachdruck einwirken kann. Ich wäre Ihnen dankbar, wenn Sie gerade diesem Fragenkomplex bei der Beratung des Statuts Ihre besondere Aufmerksamkeit widmen würden.
3. Wir haben alle möglichen Ausschüsse – Sozialausschüsse, Wirtschaftsausschüsse, die Junge Union, Frauenausschüsse –, die, wie mir scheint, in engere Verbindung mit der Gesamtleitung gebracht werden müßten mit der zukünftigen Parteizentrale. Wir erleben sonst, daß von irgendeiner Stelle eine Forderung aufgestellt wird, die

nachher die ganze Partei in die peinlichste Situation bringt. Das Wesen dieser Sonderorganisationen, ihre Rechte und ihre Pflichten gegenüber der Gesamtpartei müßte wohl ebenfalls genauer umschrieben werden.

4. Ich bitte Sie, auch die Frage zu überlegen, was mit der Jungen Union geschehen soll? Sie scheint mir in vielen Gegenden überhaupt nicht existenzwert zu sein, während sie in anderen anscheinend lebendig ist und etwas bedeutet.

5. Auch die Frauenorganisationen scheinen mir einer Nachprüfung sehr zu bedürfen. Ich habe gerade von führenden CDU-Frauen sehr lebhafte Klagen gehört.

Mit herzlichen Grüßen

Ihr
(Adenauer)

AN HEDWIG FINGER, SIEGEN

*4. September 1950*

Sehr geehrte Frau Finger!

Ich möchte auf Ihr Schreiben vom 21. August zurückkommen. Ich bedaure sehr Ihre Ansicht, die ich aber für völlig falsch halte. Selbstverständlich wollen unsere Männer und Söhne, aber auch unsere Frauen und Kinder leben und nicht sterben, und es ist wohl ganz selbstverständlich, daß gerade Deutschland nicht irgendwie zur Vergrößerung der Kriegsgefahr beitragen darf. Aber so wie die Dinge jetzt liegen, reizen wir geradezu und fordern die Sowjetregierung und die Ostzonenregierung auf, unser Land in Besitz zu nehmen. Die Folge davon würde sein, daß unsere Männer in die Armee gepreßt oder ebenso wie Frauen und Kinder zur Arbeit abtransportiert werden. Wenn Sie die Dinge einmal durchdenken, werden Sie mir beipflichten. Neutralität kann nur dann ein Land bewahren, wenn es stark genug ist, diese Neutralität gegenüber jedermann zu verteidigen, sonst bleibt die Neutralität auf dem Papier. Das haben wir an Belgien und Holland erlebt. Ich bitte Sie, haben Sie das Vertrauen, daß die Bundesregierung sicher keinen Krieg will. Ich bitte Sie, diesen Brief vertraulich zu behandeln.

Mit vielen Grüßen

(Adenauer)

## An Gustav Heinemann, Bonn

*28. September 1950*

Sehr geehrter Herr Heinemann!

Wie ich höre, finden noch fortgesetzt Besprechungen zwischen Ihnen und Ihnen nahestehenden evangelischen Persönlichkeiten über die zwischen uns bestehende Meinungsverschiedenheit statt. Es liegt mir deswegen daran, Ihnen ebenso, wie Sie das getan haben, meinen Standpunkt schriftlich niederzulegen. Dabei lasse ich alles das weg aus Ihrer Niederschrift, was sich schon als überholt erwiesen hat, z. B. daß wir uns nicht anbieten dürften usw. Sie werden ja aus meinem gestrigen Vortrag im Kabinett entnommen haben, daß ein Anbieten auch von mir absolut abgelehnt wird und daß es sich lediglich um folgendes handelt: Es wird in absehbarer Zeit – es können bis dahin einige Wochen vergehen, es kann aber auch schon sehr

bald kommen – an die Bundesregierung und Deutschland die offizielle Frage gestellt werden, ob es bereit sein wird, seine Menschenreserven und seine Materialreserven zum Schutze der westlichen Freiheit einer internationalen Armee zur Verfügung zu stellen, die allerdings unter Umständen die Aufgabe haben wird, einen sowjet-russischen Angriff abzuwehren.
Sie wollen den Frieden. Ich will den Frieden und will alles tun, damit der Frieden Deutschland und der Welt erhalten bleibt. Während Sie aber der Auffassung sind und für sich das Recht beanspruchen, diese Auffassung öffentlich zu vertreten, daß man, nach dem uns Gott das Schwert zweimal aus der Hand genommen hat, es nicht zum dritten Mal in die Hand nehmen dürfe, sondern geduldig abwarten müsse, was über uns verhängt werde, bin ich der Auffassung, daß der Frieden nur dadurch erhalten werden kann, daß man durch Aufbau und Bereitschaft einer entsprechenden Streitmacht dem allein als Angreifer in Betracht kommenden Staate, Sowjetrußland, vor Augen führt, daß ein Bruch des Friedens auch für ihn selbst ein sehr großes Risiko bedeutet.
Ich glaube, daß ich damit die Verschiedenheit unserer Standpunkte völlig klar wiedergegeben habe. Lassen Sie mich noch folgendes hinzusetzen. Ich hatte vorgehabt, Sie heute zu mir zu bitten, weil Sie ja auf eine Entscheidung über Ihr Rücktrittsgesuch drängen. Ich verstehe sehr, daß Sie aus dem jetzigen ungeklärten Zustand baldmöglichst herauskommen wollen. Nun bekomme ich heute früh die Nachricht von Herrn Kunze, daß er gestern mit Ihnen gesprochen hat, daß er jedoch heute zur Hochzeit seiner

Tochter müsse und mir daher über die Besprechung mit Ihnen erst nächsten Montag berichten könne. Ich weiß nicht, ob es Ihnen recht ist, wenn wir bis dahin warten. Falls Sie schon früher eine entscheidende Aussprache haben wollen, stehe ich Ihnen natürlich zur Verfügung. Noch eins lassen Sie mich anfügen: In dem pro memoria, das Sie mir übergeben haben, nehmen Sie es als Ihr Recht in Anspruch, auch als Kabinettsmitglied Ihre oben wiedergegebene Ansicht, mit der Sie, wie mir scheint, im Kabinett allein stehen, öffentlich zu vertreten. Davon kann natürlich keine Rede sein. In einer so entscheidenden Frage kann das Kabinett nur eine einheitliche Haltung einnehmen.

Mit freundlichen Grüßen

Ihr ergebener
(Adenauer)

An Franz Robert Ingrim, St. Niklausen bei Stans, Schweiz

*2. Oktober 1950*

Sehr geehrter Herr Ingrim!

Ehe ich Ihnen für die Übersendung Ihres Buches „Bismarck selbst“ dankte, wollte ich zuerst das Buch wenigstens zum großen Teil gelesen haben. Das ist in zwischen geschehen. Ich danke Ihnen herzlich für die Zusendung dieses Buches und auch für das Schreiben dieses Buches, dem ich eine sehr große Verbreitung wünsche. Das Buch ist nicht nur der beste Beweis dafür, daß das Bild Bismarcks nach vielen Richtungen hin verzeichnet ist. Das

Adenauer und Mitglieder seines ersten Kabinetts
vordere Reihe (v.l.): Fritz Schäffer, Thomas Dehler, Robert Lehr, Ludwig Erhard, Franz Blücher, Eberhard Wildermuth; hinten: Jakob Kaiser, Hans Schuberth, Hans Christoph Seebohm

Buch gibt auch jetzt noch sehr wertvolle Hinweise für unsere zukünftige Politik.
Sie wissen, daß ich z. Zt. große Vorbehalte gegen die Innenpolitik Bismarcks habe. Ich habe sie Ihnen auf dem Bürgenstock auseinandergesetzt, aber selbstverständlich hindert das mich nicht, das Große seines Geistes staunend anzuerkennen. Um so beschämter bin ich über die Widmung, die Sie mir in das Buch geschrieben haben, aber ich danke Ihnen auch hierfür als Zeichen einer freundschaftlichen Gesinnung. Ich würde mich freuen, Sie bald wiederzusehen, und bin mit vielen Grüßen

Ihr ergebener
(Adenauer)

An Dannie N. Heineman, Brüssel

*15. November 1950*

Lieber Freund !

Daß Sie besonders von Brüssel herübergekommen sind, um mir Lebewohl zu sagen, hat mich sehr gefreut. Ich danke Ihnen für Ihren Besuch und für die vielen Anregungen, die er mir gebracht hat.
Besonders waren mir auch Ihre Hinweise auf die Frage der Elektrizitätsversorgung von Interesse. Ich werde, sobald Sie, wie in Aussicht gestellt, die Darlegungen schriftlich übermittelt haben, die Angelegenheit weiter verfolgen. Zu unserem Gespräch über Sowjetrußlands Satellitenstaaten und Westeuropa darf ich folgendes wiederholen und hinzusetzen:
Sowjetrußland hat sich seit 1945 die Herrschaft über

Sitzung des Kabinetts im Palais Schaumburg

Gebiete von zusammen 12 Mill. qkm verschafft. Es ist dabei in derselben Art und Weise vorgegangen: 5. Kolonne, Einschüchterung der widerstandsbereiten Elemente in den zu unterwerfenden Staaten, Schaffung vollendeter Tatsachen auf dem Wege der Gewalt, Einheitspartei, Einheitswahlen, Sowjetrußland hörige Regierungen. Die Expansionstendenz Sowjetrußlands seit 1945 ist derartig eklatant, daß man nicht versteht, wie es möglich war, daß die Westalliierten dem so lange untätig zugesehen haben. Es spricht auch nichts dafür, daß diese Expansionspolitik nicht weiter verfolgt werden soll. Im Gegenteil, die Ansammlung sowjetrussischer Armeen in der Sowjetzone Deutschlands, die Schaffung des Satellitenstaates „Sowjetzone Deutschland" nach der oben geschilderten Methode, die Schaffung der sogenannten Volkspolizei-Armee, die Wühlarbeit in der Bundesrepublik Deutschland, in den kommunistischen Parteien Frankreichs und Italiens lassen völlig klar erkennen, daß Sowjetrußland die Absicht hat, seine Herrschaft auch über Westeuropa auszudehnen. Das Verhalten der westeuropäischen Staaten demgegenüber, insbesondere auch die Einstellung Frankreichs gegenüber der Schaffung einer Abwehrfront einschließlich der Bundesrepublik Deutschland, lassen den mangelnden Widerstandswillen und die mangelnde Einsicht in die Gefährlichkeit der Lage sehr deutlich erkennen.

Die Behandlung der deutschen Wehrmacht und des deutschen Volkes nach dem Zusammenbruch durch die Westalliierten hat die Achtung vor allem, was mit Wehrmacht irgendwie zusammenhängt, im deutschen Volke weitgehend vernichtet. Auch das Bewußtsein, abhängig und nicht frei zu sein, schränkt in der Bundesrepublik Deutschland, insbesondere auch bei der jüngeren Generation, die Überzeugung, daß es notwendig sei, auch unter Opfern sich die Freiheit von Sowjetrußland zu bewahren, in starkem Maße ein. Man kann nur dann von einem Volk verlangen, für die Freiheit alles zu opfern, wenn es wirklich frei ist und wenn es davon überzeugt ist. Hinzu kommt, daß die Menschen in der Bundesrepublik Deutschland nicht davon überzeugt sind, daß die Westalliierten wirklich bereit sind, alles, was in ihren Kräften steht, zu tun, um die Bundesrepublik vor einem Einbruch sowjetischer Truppen zu schützen. Diese Überzeugung fehlt insbesondere aus 2 Gründen: Zunächst ist seit etwa 2 Jahren von den Westalliierten einmal von der Verteidigung westlich des Rheins und dann von einer hinhaltenden Verteidigung zwischen Elbe und Rhein gesprochen worden. Ferner sind die westalliierten Streitkräfte in Deutschland im Verhältnis zu den sowjetrussischen in der Ostzone derartig gering, daß vielfach der Eindruck entstanden ist, die Westalliierten, insbesondere die Vereinigten Staaten, wollten im Grunde doch keine wirkliche Zurückdrängung Sowjetrußlands.

Diese defaitistische Stimmung, die von der Ostzone her aus tausend Quellen genährt wird, war besonders stark nach dem Angriff der Nordkoreaner auf Südkorea. Die Stimmung besserte sich, als die Nordkoreaner durch die UNO-Streitkräfte zurückgeschlagen wurden. Sie ist wieder gesunken, seitdem anscheinend auch Rot-China sich in den Kampf einmischt. Durch letzteres ist die Befürchtung

entstanden, US werde die bisher für Europa bestimmten Streitkräfte zu einem erheblichen Teil in Asien verwenden müssen, so daß eine erfolgreiche Verteidigung gegenüber Sowjetrußland nicht möglich sei.
Sie haben mich nun gefragt, was man dagegen tun könne? Lassen Sie mich kurz zusammenfassen, was meines Erachtens unbedingt geschehen muß, und zwar bald geschehen muß.

1. Die sich nunmehr seit September hinziehenden Beratungen unter den Atlantikpaktmächten müssen endlich zu einem vernünftigen Schluß gebracht werden, damit das deutsche Volk sieht, die Atlantikpaktmächte sind einig.
2. Ganz dringend ist, daß so schnell wie möglich amerikanische Truppen in nicht unerheblicher Stärke nach hier gelegt werden, damit das deutsche Volk an den Widerstandswillen der Vereinigten Staaten in Europa wieder glaubt. Zwei Divisionen, die jetzt hier stehen, kann man notfalls zurücknehmen, eine Armee wird man nicht zurücknehmen können. Die Aufstellung einer solchen Armee ist daher ein unbedingtes Erfordernis.
3. In ernsthafter Weise muß die wirtschaftliche Kraft Deutschlands, wenn es einen Beitrag zur Verteidigung zu stellen hat, nachgeprüft werden. Man muß dafür sorgen, daß die sozialen Aufgaben weiter gelöst werden können. Man wird nicht, wie anscheinend in Aussicht genommen ist, einfach sagen dürfen, ein bestimmter Prozentsatz des Sozialprodukts muß für Besatzung und Verteidigung ausgegeben werden. Man würde dabei übersehen, daß Deutschland anders wie andere Länder durch seine Flüchtlinge und die großen Zerstörungen infolge des

Krieges viel größere Soziallasten zu tragen hat und daß die Nichterfüllung dieser Soziallasten das beste Mittel sein würde, den Widerstandswillen zu schwächen.

4. Ein Volk wird nur dann Opfer für seine Freiheit bringen, wenn es überzeugt ist, im Besitze dieser Freiheit zu sein. Diese Überzeugung besteht im deutschen Volke noch nicht und kann auch noch nicht bestehen. In einer sichtbaren und die breiten Massen überzeugenden Weise müssen, wenn das deutsche Volk Kontingente stellen soll, Beweise dafür gegeben werden, daß dem deutschen Volke seine Freiheit in kürzester Frist wiedergegeben wird. Sicher wird das nicht auf einmal möglich sein, aber es muß doch ein sehr starker Fortschritt für alle sichtbar eintreten. Die Auslieferung von Deutschen an Frankreich zur Aburteilung und die Verhaftung dieser Personen durch Organe der Besatzung unter der Begründung, daß der Wille der Besatzungsbehörden über dem deutschen Grundgesetz stehe, und eine ganze Anzahl ähnlicher Dinge erzeugen sehr viel böses Blut. Sicher weiß die Mehrzahl der Deutschen, daß das Leben unter russischer Besatzung ungleich härter ist, aber dieses Wissen befähigt noch nicht, unter Umständen Gut und Blut einzusetzen gegen den sowjetrussischen Druck.

5. Die sozialdemokratische Partei versucht, die Abneigung der Deutschen gegen die Stellung deutscher Kontingente für ihre parteipolitischen Zwecke auszunutzen. Dabei hat sie unzweifelhaft Erfolge. Der Krieg, der Nationalsozialismus, die Behandlung aller militärischen Fragen seit 1945 durch die Westalliierten in Deutschland, haben eben eine sehr ungünstige Atmosphäre geschaffen.

Man wird der sozialdemokratischen Agitation nur dann mit Erfolg entgegentreten können, wenn man die oben angeführten Punkte berücksichtigt.
Ich bin, lieber Freund, wie Sie mir angemerkt haben, in ernster Sorge um die gesamte Entwicklung. Ich hoffe dennoch, daß man in den übrigen Ländern Westeuropas, insbesondere in Frankreich – ebenso wie in den Vereinigten Staaten – einsieht, worum es sich handelt, und weiter einsieht, daß schnelles Handeln unbedingt erforderlich ist. – Ich würde mich sehr freuen, wenn Sie mir baldmöglichst Ihr Bild senden würden.
Ich hoffe, daß Sie im nächsten Sommer ebenso frisch zurückkehren, wie Sie jetzt beim Abschied waren. Grüßen Sie Ihre Frau recht herzlich und seien Sie selbst vielmals gegrüßt von

Ihrem
(Adenauer)

P.S. In *strengem Vertrauen* lege ich Ihnen einen Teil von Ausführungen bei, die ich der Hohen Kommission gemacht habe.
Wenngleich ich der Auffassung bin, daß sich im Deutschen Bundestag eine Mehrheit für die Leistung eines Beitrages zur Verteidigung Europas finden wird, so zeigen doch der Erfolg der Agitation der sozialdemokratischen Partei, die Rundfunkkommentare, Zeitungsäußerungen – auch von angeblich neutralen Blättern –, daß der Gedanke der Leistung eines Beitrages und der Übernahme von Verpflichtungen im deutschen Volke nicht so aufgenommen wird, wie er aufgenommen werden müßte. Um die

zögernde Haltung der deutschen Bevölkerung zu überwinden, wird es notwendig sein, sie davon zu überzeugen, daß die Bundesrepublik Deutschland frei ist oder wenigstens die Aussicht besteht, bald völlige Freiheit für sie zu erlangen, daß es sich deshalb verlohnt, Opfer zu bringen. Die psychologische Vorbereitung der deutschen Bevölkerung bitte ich dringend durch entsprechende Schritte der Besatzungsmächte zu erleichtern. Die Situation in der Welt hat sich seit der New Yorker Außenministerkonferenz im September so außerordentlich schnell zugespitzt, daß nach meiner Meinung großzügige Handlungen der Westalliierten gegenüber Deutschland, Handlungen, die für jeden verständlich sind, schnellstens erfolgen müssen. Es wird sonst sehr schwer, wenn nicht unmöglich sein, die deutsche Bevölkerung zur freiwilligen Mitarbeit an der Verteidigung Europas auch innerlich zu gewinnen.

An Mary Körner, Lindenfels/Odenwald

*27. Januar 1951*

Liebe Frau Körner!

Ihr Brief vom 4. d. Mts. hat mich aufrichtig gefreut. Ich danke Ihnen herzlich dafür, insbesondere für Ihre guten Wünsche.

Die Situation ist sehr schwierig; z. T. sind die Deutschen selbst daran schuld, zum großen Teil die Westalliierten. Aber, wir wollen zusammenstehen, damit wir unser Volk durch die Gefahrenzone glücklich hindurchbringen.

Mit vielen Grüßen

Ihr ergebener
Adenauer

AN ANDRÉ FRANÇOIS-PONCET, BONN-PETERSBERG

*15. März 1951*

Sehr geehrter Herr Botschafter!

Sie haben in der geistvollen Ansprache, die Sie bei dem gestrigen Bankett gehalten haben, so freundliche Worte der Würdigung meiner eigenen Person und meines politischen Wirkens gefunden, daß ich mich gedrängt fühle, Ihnen hierfür ein Wort herzlichen Dankes zu sagen. Im besonderen bin ich glücklich über die Unzweideutigkeit, mit der die Zugehörigkeit der Bundesrepublik zum Westen anerkannt worden ist, und den ebenso glänzenden wie kraftvollen Ausdruck, den die Idee der europäischen Gemeinschaft in Ihren Worten gefunden hat.
Mit verbindlichsten Empfehlungen

Ihr sehr ergebener
gez. Adenauer

AN PFARRER HUNOLD*

*9. Mai 1951*

Sehr geehrter Herr Pfarrer!

Ihren Brief vom 8.5. habe ich erhalten und habe ihn auch gelesen, weil ich aus dem Briefe entnommen habe, daß Sie ernst um die Probleme ringen. Ich glaube, daß meine Antwort, trotzdem sie kurz ist, erschöpfend ist.

* Dieses bisher nicht veröffentlichte Schreiben wurde zur Ergänzung der in der „Rhöndorfer Ausgabe" edierten Briefe 1951–1953 in den Stenogrammblöcken der Rhöndorfer Privatsekretärin Adenauers, Lucie Hohmann-Köster (1912–1993), nachgewiesen. Biographische Informationen zu Hunold und nähere Angaben zu seinem Anschreiben konnten bisher nicht ermittelt werden.

Ich bin weder Militarist noch Kriegstreiber. Ich hasse den Krieg, wie ihn nur jemand hassen kann. Ich bin aber auch der Auffassung, daß wir, d. h. Deutschland und ganz Westeuropa von Sowjetrußland verschlungen und versklavt werden, daß das Christentum ausgerottet werden wird, wenn wir nicht Sowjetrußland die Überzeugung beibringen, daß ein Angriff auf Deutschland und Westeuropa für Rußland selbst ein sehr großes Risiko bedeutet. Mit Worten kann man eine solche Überzeugung nicht in Rußland hervorrufen. R., wie alle totalitären Staaten, hat Respekt vor der Macht, aber nicht vor Worten. Es ist daher nötig, daß eine sehr starke Macht in Westeuropa aufgebaut wird, daß der Russe die Gefahr erkennt, die er selbst ruft, wenn er zu Taten übergeht. Ich glaube nicht, daß man auf die Dauer Amerika und den anderen europ[äischen] Ländern wird zumuten können, hier die entsprechenden Truppen zu unterhalten, während Deutschland nichts tut. Ich bin der festen Überzeugung, daß der Aufbau einer solchen Streitmacht, und allein der Aufbau einer solchen Streitmacht, den Frieden erhalten kann.

Mit freundlichen Grüßen

Adenauer

An John J. McCloy, Frankfurt/Main

*7. Juni 1951*

Lieber Herr McCloy,

Ehe Sie nach Washington gehen, möchte ich mir erlauben, Ihnen nachfolgend privat und persönlich zu Ihrer Information einige Ausführungen über – wie mir scheint – sehr wesentliche Punkte zu übermitteln. Ich stelle Ihnen anheim, in geeigneter Weise diese Ausführungen zu verwerten. Ich weiß, daß Sie bei der Art eines Teiles meiner Ausführungen diese nur in entsprechender Weise verwerten werden.

1) *Das Verhältnis zu Frankreich*

Nach wie vor betrachte ich trotz der Vorfälle der letzten Wochen und trotz der dadurch im Bundestag und in der deutschen Bevölkerung hervorgerufenen Erregung die Herstellung eines guten nachbarlichen Verhältnisses zwischen Frankreich und Deutschland als eine der wesentlichen Voraussetzungen für eine gute europäische Politik. Ich darf aber nicht verschweigen, daß Frankreich die Verfolgung dieser Politik mir sehr erschwert. Ich werde im folgenden darauf zurückkommen. Ich möchte hier aber dieses bemerken:

Herr Botschafter François-Poncet hat in einer Aussprache, die ich unlängst über das Verhalten der französischen Regierung mit ihm hatte, gesagt, daß man immer wieder befürchtet, daß vielleicht nach den nächsten Bundestagswahlen ausgesprochene Nationalisten, z. B. Herr Schumacher, an die Regierung kommen und daß man deswegen gegenüber Deutschland Reserven habe und mangelndes Vertrauen. Ich habe Herrn Botschafter François-Poncet darauf erwidert, daß man gerade, wenn man eine solche Befürchtung habe, höchst unklug handele, wenn man der gegenwärtigen Bundesregierung Schwierigkeiten mache in ihren Bestrebungen. Wenn die gegenwärtige Bundesregierung nicht bei Beginn der Wahlkampagne für die Bundestagswahl im Jahre 1953 auf einen vollen Erfolg

ihrer außenpolitischen Zielsetzung hinweisen kann, dann besteht allerdings die Gefahr, daß die Wahlen ungünstig ausfallen. Umgekehrt, wenn sie überzeugend dartun kann, daß ihre Politik Erfolg gehabt hat, so ist gar kein Zweifel, daß auch die Regierungskoalition bei den Wahlen gut abschneiden wird. Die gegenwärtige Haltung französischer politischer Kreise leitet geradezu Wasser auf die Mühle der nationalistischen sozialdemokratischen Opposition. Sie liefert Herrn Dr. Schumacher gute Argumente für seine Ausführungen. Ich bitte Sie dringend, im Interesse des europäischen Gedankens, doch Ihre Anwesenheit in Washington dazu zu benutzen, um die maßgebenden amerikanischen Regierungsstellen davon zu überzeugen, daß sie immer und immer wieder die französische Regierung – gleichgültig, wie sie aussehen mag – darauf hinweisen müssen, daß die Herstellung eines guten nachbarlichen Verhältnisses zwischen Deutschland und Frankreich Grundbedingung auch für den Erfolg der amerikanischen Politik in Europa ist, und daß zur Herstellung eines solchen guten Verhältnisses beide Teile beitragen müssen.
Ich gestatte mir, im folgenden Ihnen die Punkte aufzuzählen, die gerade in der letzten Zeit die Atmosphäre so verschlechtert haben, weil ich glaube, daß eine Aufzählung dieser Punkte die Veranlassung bieten kann, die französischen Regierungskreise von Washington aus entsprechend zu beeinflussen.

[...]

2) Gegen den illegalen Ost-Handel wird die Bundesregierung mit aller Schärfe vorgehen, und ich persönlich werde laufend diese Frage kontrollieren. Wir erwägen zur

Zeit, ob wir nicht einen Gesetzentwurf im Bundestag einbringen wollen, der sehr hohe Strafen auf eine Übertretung der maßgebenden Bestimmungen setzt.
3) Die Frage eines Verteidigungsbeitrages ist ja wohl die entscheidende Frage der nächsten Jahre. Ich beurteile die ganze Sachlage folgendermaßen.
Ich glaube nicht an eine unmittelbare Kriegsgefahr. Aber es kann jederzeit sich eine Lage entwickeln, die einen Krieg zum Ausbruch bringen kann. Die Entwicklung kann zwischen Sowjetrußland und den westalliierten Mächten, insbesondere den Vereinigten Staaten, an irgendeinem Punkte der Erde einsetzen. Es ist daher die größte Wachsamkeit, auch in Europa, geboten. Denn wenn Sowjetrußland das Gebiet der Bundesrepublik, seine Bodenschätze und seine Menschen in seine Hand bekommt, wird sein Kriegspotential und seine wirtschaftliche Macht außerordentlich gesteigert werden. Frankreich, Italien und die Benelux-Staaten werden alsdann sofort unter kommunistische Herrschaft geraten.
Sie kennen, sehr verehrter Herr McCloy, meine Ansichten über einen deutschen Verteidigungsbeitrag. Voraussetzung ist die Herstellung einer politischen Lage, die dem Deutschen Volke so einleuchtend ist, daß es sieht, worum es kämpft, d. h. Deutschland muß die Wiederherstellung seiner Souveränität bekommen. Ob die Westalliierten, wenn sie irgendwelche Vorbehalte glauben machen zu müssen, vielleicht dazu übergehen könnten, zwar diese Vorbehalte zu machen, aber trotzdem der Bundesregierung, die in diesen Vorbehalten liegenden Rechte zunächst zu übertragen, bitte ich zu überlegen. Ich glaube,

daß die Mehrheit der deutschen Bevölkerung und die Mehrheit des Bundestages, wenn die politischen Voraussetzungen gegeben sind, der Leistung eines Verteidigungsbeitrages zustimmen werden.

Ich bin aber der Auffassung, daß die Mächteverlagerung, die in Europa seit 1918 eingetreten ist, noch auf viele Jahrzehnte hindurch große Gefahren mit sich bringen wird. Diese Mächteverlagerungen lassen Sie mich stichwortweise in folgendem wiedergeben:

Wegfall der Österreichisch-Ungarischen Monarchie, dadurch Zersplitterung des ganzen Balkans und Osteuropas,

Wegfall Deutschlands als Militärmacht,

Absteigen Englands in seiner Stellung als Weltmacht und, damit Hand in Hand gehend, die starke Verringerung seiner Kraft zur See,

die Krankheitserscheinungen in Frankreich, die sich seit 1918 ununterbrochen zeigen,

das Vordringen Sowjetrußlands, einschließlich seiner Satellitenstaaten bis in das Herz Europas,

der gegenwärtige Zustand der Bundesrepublik.

Dem steht gegenüber eine außerordentlich große Steigerung des sowjetrussischen Machtbereiches und seines Einflusses.

Bei Beurteilung der sowjetrussischen Politik muß man m. E. davon ausgehen, daß Rußland seit Hunderten von Jahren eine imperialistische Eroberungspolitik getrieben und den Panslawismus auf jede Art gefördert hat, daß die sowjetrussische Außenpolitik herkommensgemäß nach dem Westen geht, daß dieser Drang nach dem Westen im gesamten russischen Volke besteht und daß totalitäre

Regierungen notgedrungen außenpolitische Erfolge möglichst großen Ausmaßes ihrer unterjochten Bevölkerung vorzeigen müssen, um durch Aufpeitschung nationalistischer Instinkte von inneren Schwierigkeiten abzulenken. Wir haben das ja alles in Deutschland unter Hitler selbst erlebt.

Ich bin weiter der Auffassung, daß die Lage, die vielleicht lange Jahre hindurch dauern wird, von Europa allein nicht gemeistert werden kann, daß es dazu der wirtschaftlichen Kraft Amerikas bedarf, daß aber auf die Dauer den Vereinigten Staaten nicht wird zugemutet werden können, ständig Truppen in größerem Ausmaße in Europa zu unterhalten. Das Ziel der amerikanisch-europäischen Politik muß also sein, Europa, und insbesondere dabei Deutschland, durch wirtschaftliche Hilfe und durch Lieferung von Rüstungsmaterial in den Stand zu setzen, einen starken Damm gegen das vorwärtsdringende Sowjetrußland zu geben. Man würde m. E. der Lage nicht gerecht werden, wenn man alles nur unter den Aspekten der augenblicklichen Lage betrachten würde. Man muß davon ausgehen, daß die Ereignisse der letzten Jahrzehnte Rußland außerordentlich gestärkt, Westeuropa außerordentlich geschwächt haben, und daß es notwendig ist, gegenüber Sowjetrußland einen dauernden Damm zu errichten, weil sonst Sowjetrußland ganz Europa beherrschen wird und dann ein Endkampf zwischen den Vereinigten Staaten und Sowjetrußland unvermeidlich sein wird.

4) Zu der Frage des Verteidigungsbeitrages gehört auch der Komplex der Maßnahmen, die in der Bundesrepublik getroffen werden müssen, um dem deutschen Volk innere

Festigkeit zu geben. Ich darf hier darauf hinweisen, daß das deutsche Volk, insbesondere die Bundesrepublik Deutschland, soziale Verpflichtungen hat wie kein anderes Land der Welt. Ob es sich diese Verpflichtungen durch eigene Schuld aufgebürdet hat oder nicht, spielt hierbei keine Rolle. Ich nenne hier die Sorge für die Vertriebenen und Ausgebombten, die Wohnungsfrage, alle die Fragen, die mit der Abtrennung der agrarischen Gebiete Deutschlands von den übervölkerten westlichen Teilen Deutschlands zusammenhängen. Über unsere Finanzlage, die ja bei der Frage des Verteidigungsbeitrages eine große Rolle spielt, haben Sie ein besonderes Memorandum bekommen, auf das ich Ihre Aufmerksamkeit besonders lenken möchte.

Erlauben Sie mir zum Schluß nochmals darauf hinzuweisen, daß man die Lage in Europa und die gesamte Weltlage m. E. unter einer längeren Sicht betrachten muß aus den oben von mir dargelegten Gründen, daß es sich nicht etwa um vorübergehende Spannungen zwischen Sowjetrußland und den Vereinigten Staaten handelt, sondern daß durch die beiden Kriege und ihre Folgen das ganze Gleichgewicht auf der Erde erschüttert ist, und daß es langer und kluger Arbeit bedarf, um wieder ein Gleichgewicht, das allein Frieden garantieren kann, herzustellen. Ich bitte, mich auch richtig zu verstehen, wenn ich sage, daß nach meiner Überzeugung das deutsche Volk trotz aller Vorkommnisse in den vergangenen Jahrzehnten wohl mehr als ein anderes europäisches Volk die Eigenschaften hat, die notwendig sind, um einen wirklichen Schutzdamm gegenüber Sowjetrußland zu bilden.

Ich wünsche Ihnen, sehr verehrter Herr McCloy, viel Glück und alles Gute für Ihren Aufenthalt in Washington.

Mit freundlichen Grüßen

Ihr sehr ergebener
(Adenauer)

### An Dannie N. Heineman, Brüssel

*1. Dezember 1951*

Sehr verehrter, lieber Herr Heineman!

Es war eine Freude, Sie vor wenigen Tagen bei mir zu sehen und mit Ihnen über alle die uns gemeinsam bewegenden Probleme zu sprechen. Inzwischen habe ich Näheres über die Konferenz der Atlantikpakt-Staaten in Rom und die große Rede erfahren, die General Eisenhower bei diesem Anlaß gehalten hat. Ich habe mich über den Inhalt dieser Rede, in der der General sich so zustimmend zu dem Plan der Europäischen Verteidigungsgemeinschaft geäußert hat, von Herzen gefreut. Ich bin sicher, daß sie ihren Eindruck auf die in Rom anwesenden Vertreter der europäischen Staaten nicht verfehlt hat.

Diese Pläne werden nur dann verwirklicht werden, wenn die Vereinigten Staaten ihre große Autorität einsetzen und die Staatsmänner Europas immer wieder mit Nachdruck an die Notwendigkeit erinnern, den beschrittenen Weg bis ans Ende zu gehen.

Die Bundesregierung wird ihre bisherige Linie in der Europa-Politik, hinsichtlich des Schuman-Planes und der Europäischen Verteidigungsgemeinschaft unbeirrt und mit aller Zähigkeit einhalten, weil sie davon überzeugt ist, daß

Europa nur durch den Zusammenschluß vor der Gefahr eines neuen Krieges bewahrt werden kann.
Ich hoffe sehr, daß wir uns in der kommenden Woche in London wiedersehen.
Mit freundlichen Grüßen und besten Wünschen

Ihr ergebener
(Adenauer)

## An Nahum Goldmann, London

*6. Dezember 1951*

Sehr geehrter Herr Dr. Goldmann,

Unter Bezugnahme auf die Erklärung, die die Bundesregierung am 27. 9. 1951 im Bundestag abgab und in der sie sich bereiterklärte, mit Vertretern des jüdischen Volkes und Israels Verhandlungen wegen der Wiedergutmachung der unter dem narzißtischen Regime entstandenen Schäden aufzunehmen, möchte ich Ihnen mitteilen, daß die Bundesregierung den Zeitpunkt für gekommen erachtet, in dem solche Verhandlungen beginnen sollten. Ich bitte Sie, in Ihrer Eigenschaft als Vorsitzender der Conference of Jewish Claims against Germany, sowohl dieser Konferenz als auch der Regierung Israels von dieser Bereitschaft Kenntnis zu geben.
Ich möchte dazu bemerken, daß die Bundesregierung in dem Problem der Wiedergutmachung vor allem auch eine moralische Verpflichtung sieht und es für eine Ehrenpflicht des deutschen Volkes hält, das Möglichste zu tun, um das an dem jüdischen Volk begangene Unrecht wiedergutzumachen. Die Bundesregierung wird in diesem

Zusammenhang die Möglichkeit begrüßen, durch Warenlieferungen zu dem Aufbau des Staates Israel einen Beitrag zu leisten. Die Bundesregierung ist bereit, bei diesen Verhandlungen die Ansprüche, die die Regierung des Staates Israel in ihrer Note vom 12. 3. 51 gestellt hat, zur Grundlage der Besprechungen zu machen.

Mit vorzüglicher Hochachtung

Ihr ergebener

gez. Adenauer

An Gerhard Ritter, Freiburg/Breisgau

*7. April 1952*

Sehr geehrter Herr Professor!

Herr Dr. Tillmanns gab mir Abschrift Ihres Briefes an ihn vom 27. März. Herr Bundestagspräsident Ehlers las mir einige Stellen daraus vor, ohne Ihren Namen zu nennen. Da Sie offenbar Ihren Anteil an der weiteren Entwicklung nehmen, möchte ich versuchen, Ihnen kurz zu erwidern:

[...]

Ihre Kritik [an] der Note der Westmächte ist mir völlig unverständlich. Zunächst stelle ich fest, daß ich dringend gebeten habe, die Note in einem sehr höflichen und versöhnlichen Tone zu halten. Von einer von den Russen vorgeschlagenen neuen Deutschland-Politik kann überhaupt nicht die Rede sein. Die Russen haben schon seit zwei Jahren die Pol[itik] der Neutralisierung Deutschlands verfolgt, und zwar durch Beeinflussung französischer Politiker. Sie sehen jetzt, daß sie auf diesem Wege nicht weiterkommen, und versuchen es nunmehr auf dem Wege der von ihnen vorgeschlagenen Friedensverhandlung. Die entscheidenden Punkte an der von ihnen vorgeschlagenen Friedensregelung sind

a) Neutralisierung Deutschlands,

b) Festlegung der Oder-Neiße-Grenze.

Ich halte [es] geradezu für einen Erfolg der deutschen Politik, daß die Westmächte gegenüber der Frage der Neutralisierung Deutschlands eine so klare Haltung einnehmen. Vor zwei Jahren wäre das noch nicht möglich gewesen. Daß von einer Verschärfung des Gegensatzes zu Rußland nicht die Rede sein kann, geht wohl am besten daraus hervor, daß die Russen fortgesetzt versuchen, Annäherungspolit[ik] zu treiben. Wie Sie zu der Vermutung kommen, daß man sich im „Kreise Ach[eson], Hallstein, Adenauer" vorgenommen habe, in einigen Jahren ein Ultimatum zu stellen, ist mir ganz unklar. Es ist so selbstverständlich, daß Deutschland sich nicht in eine Befreiungspolitik des Ostens begeben kann, daß ich keine Worte darüber zu verlieren brauche.

Wenn Sie schreiben, daß ich unter schärfster Anwendung von Drohungen mit Sprengung meiner Partei gezwungen werden müsse, den jetzigen Kurs einer Politik, die man nicht anders als einfach amerikahörig nennen könne, zu wechseln, so möchte ich Ihnen dazu folgendes bemerken, dabei wiederhole ich das, was ich schon seit Jahr und Tag öffentlich erklärt habe:

Mit Sowjet-Rußland kann man nur verhandeln, wenn man mindestens gleich stark ist. Daher begrüße ich den Zusammenschluß der westlichen Welt. Ich bin überzeugt, daß, wenn die westliche Welt so stark ist wie Sowjet-

Rußland, eine Verständigung mit Sowjet-Rußland möglich ist, aber nicht früher. Ich bin weiter überzeugt, daß ein Gespräch zu einem zu frühen Zeitpunkt Sowjet-Rußland nur in seiner Haltung bestärkt.
Meine Politik geht dahin, Deutschland in den Westen einzubauen, um der Gefahr der Neutralisierung zu entgehen, um den Westen zu stärken, um bei der eines Tages eintretenden Möglichkeit der Verhandlung mit Rußland mitsprechen zu können, und zwar im Interesse Deutschlands, im Interesse des Friedens.
Ich glaube nicht, daß meine Politik starr und unelastisch ist. Ich bin der Auffassung, daß das Schlechteste, was man tun könnte, ein Schwanken in der pol[itischen] Linie sein würde. Sie glauben nicht, wie stark das Mißtrauen im Ausland noch gegenüber Deutschland ist. Durch ein Schwanken würde man dieses Mißtrauen in bedrohlicher Weise verstärken. Die Zeiten Bismarcks kann man mit den heutigen Zeiten überhaupt nicht vergleichen. Wir können und dürfen nicht auf zwei Klavieren gleichzeitig spielen.
Ich bin gerne bereit, wenn Sie gelegentlich nach Bonn kommen, mich mit Ihnen mündlich über alle diese Fragen zu unterhalten. Sie müssen aber dann schon einige Zeit vorher sich anmelden.
Hochachtungsvoll

(Adenauer)

Mit Bundespräsident Heuss

## An Theodor Heuss, Bonn

*29. April 1952*

Sehr geehrter Herr Bundespräsident!

Die Frage einer „National-Hymne" ist in den vergangenen zwei Jahren wiederholt zwischen uns besprochen worden. Ich achtete, wenn auch mit Zweifel an dem Gelingen, Ihren Versuch, durch einen neuen Text und durch eine neue Melodie über die unliebsamen Zwischenfälle hinwegzukommen, die bei der Wiedergabe oder bei dem Absingen des „Deutschland-Liedes" sich ereignet haben; es sollte vermieden bleiben, hier einen neuen Streit in unser Volk zu tragen.

Sie haben mir selber gelegentlich zum Ausdruck gebracht, daß Sie das Bemühen als gescheitert betrachten müssen. Die Gründe mögen jetzt unerörtert bleiben. Als das Kabinett Sie vor Monaten durch mich bitten ließ, sich für die dritte Strophe des „Deutschland-Liedes" zu entscheiden, gab ich zu, daß Ihre damalige Gegenargumentation eine innere Berechtigung besaß.

Inzwischen ist nun die Frage dringend geworden, und ich muß den Wunsch der Bundesregierung darum pflichtgemäß wiederholen. Sie wissen selber um die Lage, in der bei amtlichen Veranstaltungen unsere ausländischen Vertretungen sich befinden. Ich will in diesem Augenblick die innerdeutschen Gefühlsmomente, deren Gewicht von uns beiden gleich hoch gewertet wird, gar nicht in Anschlag bringen. Es ist wesentlich der außenpolitische Realismus, der uns, Ihnen wie mir, nahelegen muß, die Entscheidung nicht weiter hinauszuzögern; ich möchte auch hoffen dürfen und glaube, dazu Grund zu haben, daß die innenpolitischen Vorbehalte, die sich auf den Mißbrauch des „Deutschland-Liedes“ durch die Vernichter des alten Deutschland beziehen, an Schärfe verloren haben – war es doch der Reichspräsident Friedrich Ebert, der das „Deutschland-Lied“ durch eine staatsmännische Entscheidung zur Nationalhymne erklärte.

Daher die erneute Bitte der Bundesregierung, das Hoffmann-Haydn'sche Lied als Nationalhymne anzuerkennen. Bei staatlichen Veranstaltungen soll die dritte Strophe gesungen werden.

Mit freundlichen Grüßen

Ihr
gez. Adenauer

## An Robert Pferdmenges, Bad Kissingen

*31. Mai 1952*

Lieber Herr Pferdmenges!

Herzlich danke ich Ihnen für Ihren lieben Brief. Bonn und Paris waren große, aber auch anstrengende Tage. Der Unterzeichnung in Bonn gingen noch recht aufregende Stunden voraus, die aus französischen Forderungen herrührten. Es verlief aber dann in der letzten Sitzung am Sonntagmorgen zur allgemeinen Überraschung alles harmonisch und glatt.

In Paris habe ich Herrn Pinay etwas ausführlicher gesprochen und habe aus der Unterredung mit ihm einen sehr guten Eindruck gehabt. Die französische Wirtschaftslage hat sich nach Auskunft der Herren unseres Generalkonsulats außerordentlich gebessert.

Jetzt geht hier der Kampf los. Ich glaube, daß die Aus-

stände der Gewerkschaften abflauen werden. Es ist den leitenden Leuten selbst nicht wohl dabei.
Lassen Sie mich, nachdem wir den Deutschlandvertrag und den Vertrag über die Europäische Verteidigungsgemeinschaft glücklich unterschrieben haben, Ihnen sagen, daß man derartige Werke nicht fertigbekommt, wenn man nicht von seinen Freunden gestützt und gefördert wird. Ich weiß, daß Sie unter diesen Freunden an vorderster Linie stehen, und bin Ihnen von Herzen dankbar dafür.
Am Pfingstmontag kommt Abs zu mir. Ich bin gespannt, was er bringt. In Paris habe ich auch mit Goldmann gesprochen. Die Judensache müssen wir in Ordnung bringen.
[…]
Ihrer Frau und Ihnen wünsche ich recht erholende schöne Wochen dort.
Ich werde versuchen, mich über Pfingsten etwas zu pflegen, aber viel kann ich nicht tun.
Ihrer Frau und Ihnen herzlichste Grüße.

Ihr
(Adenauer)

AN ANDRÉ FRANÇOIS-PONCET, BAD GODESBERG, UND SIR IVONE A. KIRKPATRICK, WAHNER HEIDE BEI KÖLN

*3. Juli 1952*

Sehr geehrter Herr Botschafter,
Sehr geehrter Sir Ivone,

Als Anlage beehre ich mich, die Vorschläge zur Änderung des Entwurfs der Antwort der Westmächte auf die Note der sowjetrussischen Regierung vom 24. Mai 1952 zu

überreichen, die ich heute früh angekündigt habe. Zur Begründung und Erläuterung dieser Vorschläge darf ich auf die Ausführungen Bezug nehmen, die ich heute vormittag mündlich gemacht habe.
Ich bin nach wie vor überzeugt, daß alles getan werden muß, um möglichst bald erfolgversprechende Vier-Mächte-Besprechungen über die Herbeiführung der Wiedervereinigung Deutschlands in Freiheit und Frieden zu erreichen. Ich muß aber im gemeinsamen Interesse mit allem Ernst davor warnen, daß Schritte getan werden, die das Gesetz des Handelns in die Hand der sowjetrussischen Regierung legen und die die Gefahr heraufbeschwören, daß infolgedessen die Ratifikation der vor kurzem abgeschlossenen Vertragswerke verzögert und dadurch schließlich vereitelt wird.
Um eine unnötige Verzögerung zu vermeiden, habe ich mich darauf beschränkt, in der Anlage diejenigen Änderungen des Entwurfs mitzuteilen, die mir im gemeinsamen Interesse und im Hinblick auf die besondere Situation Deutschlands unerläßlich erscheinen. Ich bitte Ihre Regierung davon zu unterrichten, daß ich auf die vorgeschlagenen Änderungen das größte Gewicht lege. Ganz besonders gilt das für diejenigen Punkte, die die Gewähr der völligen Freiheit der in der Sowjetzone abzuhaltenden Wahlen betreffen. Um diese zu gewährleisten, genügt es nicht, daß man sich von seiten der Westmächte und von seiten Sowjetrußlands desselben Wortes „freie Wahlen" bedient. Man muß sicherstellen, daß unter diesem Wort dasselbe verstanden wird, das heißt, daß in der Sowjetzone Zustände hergestellt werden – und zwar vor, wäh-

Nach der Unterzeichnung des Deutschlandvertrages in Bonn
(26. Mai 1952)
mit Anthony Eden, Dean Acheson und Robert Schuman

rend und nach den Wahlen –, die es den dort lebenden Menschen möglich machen, ihre politische Überzeugung ohne Furcht und in voller Unabhängigkeit zu bekunden. Gerade die Bewohner der Ostzone würden es, wie wir aus vielen Zeugnissen wissen, nicht verstehen, wenn die Westmächte in der Forderung dieser Garantien heute weniger Nachdruck zeigen als in früheren Noten. Dies ist um so notwendiger, als gerade die Willkürakte und Grausamkeiten, durch die in den letzten Wochen die Trennung zwischen der Sowjetzone und der Bundesrepublik verschärft worden ist, das ganze Maß der in der Sowjetzone bestehenden Unfreiheit deutlich zum Bewußtsein der Bevölkerung gebracht haben. Die Hoffnung der Bewohner der Sowjetzone, daß der Westen in der Forderung jener Freiheitsgarantien völlig unnachgiebig ist, darf unter keinen Umständen enttäuscht werden.

Im übrigen erlaube ich mir darauf hinzuweisen, daß eine Anzahl von Formulierungen, gegen die ich Bedenken erhoben habe, in der Besprechung heute morgen gerade mit dem deutschen Interesse begründet worden sind. Es dürfte daher nicht allzu schwer sein, diese Formulierungen fallenzulassen, wenn die Bundesregierung gegen sie Bedenken geltend macht.

Sollte Ihre Regierung in bezug auf die Notwendigkeit der vorgeschlagenen Änderungen nicht mit mir übereinstimmen, so halte ich einen erneuten Meinungsaustausch vor Abgang der Note für dringend notwendig, da es mir in hohem Maße unerwünscht erscheint, daß in der gegenwärtigen Situation in bezug auf die Behandlung der sowjetischen Note Meinungsverschiedenheiten zwischen

den Regierungen der Westmächte und der Bundesregierung offenkundig werden.
Ich bitte, diesen Brief zusammen mit der Anlage zur Kenntnis Ihrer Regierung zu bringen.

Genehmigen Sie, Herr Botschafter / Sir Ivone, den Ausdruck meiner ausgezeichnetsten Hochachtung.

(Adenauer)

AN JOHN J. MCCLOY, NEW YORK

*12. November 1952*

Sehr verehrter, lieber Herr McCloy,

Es war eine große Freude, Ihrem ausführlichen Brief vom 2. November, für den ich Ihnen sehr herzlich danke, zu entnehmen, daß es Ihnen, Ihrer lieben Gattin und den Kindern gut geht und daß Sie begonnen haben, sich Ihr Leben in den Vereinigten Staaten neu einzurichten. Ihre neue Tätigkeit in der Ford Foundation, die wahrscheinlich nur vorübergehenden Charakter haben wird, gibt Ihnen sicher eine gute Möglichkeit, Ihre großen Erfahrungen und Kenntnisse in den Dienst der Aufklärung der amerikanischen öffentlichen Meinung zu stellen.
Zu dem außerordentlich bedeutsamen Ereignis der Wahl General Eisenhowers zum Präsidenten der Vereinigten Staaten darf ich Sie beglückwünschen und Ihnen sagen, wie sehr ich mich darüber freue, daß mit General Eisenhower eine Persönlichkeit das schwere Amt der amerikanischen Präsidentschaft übernimmt, die wie wenige andere Europa und Deutschland gründlich kennt. Ich glaube,

daß der kommende Präsident dazu berufen sein wird, die Bemühungen der europäischen Völker um die Schaffung einer echten europäischen Gemeinschaft nachhaltig zu fördern. Wie sehr diese Bemühungen einer tatkräftigen Förderung durch die Vereinigten Staaten bedürfen, haben gerade die letzten Monate gezeigt, in denen sich die Lage in Frankreich erheblich verschlechtert hat und in denen auch die Bereitschaft der anderen europäischen Völker für eine solche enge Zusammenarbeit hier und dort stark zu wünschen läßt. Selbstverständlich haben auch wir in Deutschland nach wie vor mit Kräften zu kämpfen, die sich gegen die Integrationsverträge stemmen; ich hoffe aber, daß der Bundestag noch Ende dieses Monats die Verträge ratifiziert, so daß, wie ich hoffe, in dieser Entscheidung die anderen Partner den nötigen Ansporn zu gleichem Handeln finden. Ich brauche nicht besonders zu betonen, daß positive Ereignisse hinsichtlich der europäischen Integration auch im Hinblick auf die kommenden Bundestagswahlen von großer Bedeutung sind, will die gegenwärtige Regierungskoalition vor den deutschen Wählern bestehen.

Ich habe mich auch sehr darüber gefreut, daß Sie nach wie vor an den Vorgängen in Deutschland so großes Interesse nehmen. Ihre Erklärungen zu der unerfreulichen Angelegenheit Zinn haben hier gut gewirkt. Ich bin sicher, daß Sie auch in den Vereinigten Staaten viel dazu beitragen können, daß die Verhältnisse in Deutschland richtig bewertet werden und daß man Äußerungen von urteilslosen Generalen wie Ramcke nicht unverdient große Bedeutung zumißt, denn gerade die Äußerungen Ramckes sind von der deutschen öffentlichen Meinung einhellig scharf verurteilt worden.

Auch ich, lieber Herr McCloy, denke gern an die gemeinsame schwere Arbeit in den vergangenen Jahren zurück. Gar oft habe ich in letzter Zeit die Aussprache mit Ihnen, Ihr gutes Urteil über Menschen und Dinge und nicht zuletzt Ihre tatkräftige Haltung vermißt. Im Stillen hege ich die Hoffnung, daß Sie innerhalb der kommenden amerikanischen Regierung ein Amt einnehmen mögen, das Sie bald wieder einmal nach Europa führt.

Lotte und die anderen Kinder erwidern mit Dank Ihre Grüße herzlich, desgleichen die Herren Hallstein, Lenz und Blankenhorn.

Ihnen und Ihrer verehrten Gattin die herzlichsten Grüße und Wünsche

Ihr
gez. Adenauer

## An Erich Ollenhauer, Bonn

*11. Dezember 1952*

Sehr geehrter Herr Ollenhauer!

Die Vorkommnisse der letzten Zeit erfüllen wie viele andere so auch mich mit ernster Sorge. Insbesondere lassen mich sowohl der Verlauf der Bundestagssitzungen der vergangenen Woche wie die sich daran anschließenden Erörterungen über das Bundesverfassungsgericht befürchten, daß nichtdemokratische Kreise daraus Nahrung für ihre oppositionelle Haltung gegenüber dem demokratischen Gedanken ziehen. Sie wissen, daß ich grundsätzlich die Auffassung vertrete, das demokratische System könne sich auch in Deutschland nur dann bewähren, wenn nicht nur die Regierung, sondern auch die Opposition sich auf eine der großen demokratischen Parteien stützen können. Es scheint mir jedoch notwendig und möglich, daß das Verhältnis von Regierung und Opposition nicht durch unnötige Schärfen beeinflußt wird. Es ist meiner Auffassung nach aber auch darüber hinaus erforderlich, daß in großen nationalen Fragen, insbesondere in Spannungszeiten, Regierung und Opposition das gemeinsame überparteiliche Interesse nicht aus dem Auge verlieren. Ich würde es begrüßen, wenn wir uns über diese Fragen einmal aussprechen könnten und schlage im Falle Ihrer Zustimmung zu der von mir angeregten Unterredung die baldige Vereinbarung eines Termins vor, der etwa im Laufe der nächsten Woche stattfinden könnte.

Mit vorzüglicher Hochachtung

Ihr ergebener
(Adenauer)

An den CDU-Landesverband Berlin

*22. Januar 1953*

Sehr geehrte Herren!

Für die mir zum Jahreswechsel übermittelten Wünsche danke ich dem Landesverband Berlin der Christlich-Demokratischen Union sehr herzlich und erwidere sie mit meinen Wünschen für ein erfolgreiches neues Jahr. Sie haben in Ihrem Schreiben an mich der vielfachen Hilfe gedacht, die Berlin in der Vergangenheit erhalten hat. Ich kann Ihnen erklären, daß der Bund auch in Zukunft Berlin jede überhaupt nur mögliche Unterstützung geben wird. Gerade jetzt hat die Bundesregierung besondere Maßnahmen beschlossen, um der Stadt bei der großen Flüchtlingslast zu helfen.

Der Bundesregierung wird vorgeworfen, daß sie nicht noch viel mehr für Berlin erreicht habe. Von einzelner, aber verantwortlicher Berliner Seite wird der Bundesregierung sogar zur Last gelegt, sie habe mit den „Bonner Verträgen" die Lage Berlins verschuldet. Ich frage aber: Ist nicht gerade Berlin mehr als jede andere Stadt auf die Gemeinschaft der freien Völker angewiesen? Befreien wir Berlin aus der Isolierung, indem wir – durch Ablehnung der Verträge – ganz Deutschland isolieren?

Es ist klar, daß wir für Berlin noch nicht das erreicht haben, was erreicht werden muß, was wir mit aller Energie zu erreichen uns bemühen und was wir auch schließlich erreichen werden. Aber das bisher Geleistete sollte doch nicht verkleinert und zerredet werden. Für vieles, was die Bundesregierung für Berlin unternimmt, z. B. die Beschaffung neuer Aufträge, brauchen wir die bereitwillige Mitarbeit Westdeutschlands. Wie kann die Bundesregierung aber an den Bürger Westdeutschlands appellieren, wenn sie von Berliner Seite nichts als Kritik, und zwar parteipolitisch interessierte Kritik zu hören bekommt? Wenn irgendwo, dann muß in Berlin die Parteipolitik schweigen. Nur das Ganze hat zu gelten, insbesondere in der heutigen schwierigen Zeit.

Ich bitte zu bedenken, daß wir Berlin überhaupt nur deshalb in dem bisherigen Umfang unterstützen konnten, weil wir im Bundesgebiet eine so erfolgreiche und gesunde wirtschaftliche Entwicklung genommen haben. Die eigene Kraft ist die Voraussetzung für jede Hilfe. Der wirtschaftliche Aufstieg der Bundesrepublik in den letzten Jahren ist nur möglich gewesen, weil die Bundesregierung gradlinig und unbeirrt von allen Angriffen die von ihr für richtig gehaltene Wirtschafts- und Außenpolitik beibehalten hat. Mit dieser Politik hat sie sich im Ausland Vertrauen erworben. Ich werde unberührt von allen Mißdeutungen an der als richtig erkannten Linie festhalten.

Wir dürfen nicht vergessen, daß wir auch dankbar sein wollen für die großzügige Unterstützung, die Berlin durch unsere amerikanischen Freunde erfährt. Sie ist ein Beweis für die vertrauensvolle Zusammenarbeit zwischen der Bundesrepublik und den USA und gleichzeitig ein Anerkenntnis dafür, welche gute Verwendung die zur Verfügung gestellten Mittel gefunden haben. Es sollte dabei aber auch nicht vergessen werden, daß die amerikanische Hilfe für Berlin nur unter der Bedingung gewährt wird, wenn sich der Bund hierfür verbürgt.

Ich bin dankbar, von Ihnen zu hören, daß diese meine Auffassungen von den meisten Berlinern geteilt werden. Dasselbe habe ich im Oktober des vergangenen Jahres auf dem Bundesparteitag der CDU in Berlin, der mir noch in lebhafter Erinnerung ist, überzeugend erfahren.

Ich bin mit den besten Grüßen

gez. Adenauer

An Ludwig Erhard, Bonn

*2. März 1953*

Lieber Herr Erhard!

Am heutigen Tage sehen Sie auf eine 5-jährige erfolgreiche Tätigkeit als verantwortlicher Leiter der deutschen Wirtschaftspolitik zurück. Ihrer unermüdlichen und stets zuversichtlichen Arbeit ist es mit kraftvoller Unterstützung eines verantwortungsbewußten und wagemutigen Unternehmertums und unserer fleißigen Arbeitnehmerschaft gelungen, die deutsche Wirtschaft aus dem Tiefstand der Zeit vor der Währungsreform auf ihre heutige beachtliche Höhe zu bringen. Dafür möchte ich Ihnen meinen herzlichen Dank sagen. Die Bewohner der Bundesrepublik, deren hoher Lebensstandard im wesentlichen auf Ihrer Wirtschaftspolitik beruht, werden am heutigen Tage dankbar Ihrer Tätigkeit gedenken. Möge es Ihnen gelingen, über die erreichten Erfolge hinaus die deutsche Wirtschaft auch für die Zukunft zu dem starken Fundament gesunden Volkslebens zu machen.

Mit freundlichen Grüßen

Ihr ergebener
Adenauer

An Dwight D. Eisenhower, Washington D.C.

*29. Mai 1953*

Sehr geehrter Herr Präsident,

In der gegenwärtigen Phase der Entwicklung des Verhältnisses zwischen den Westmächten und Sowjetrußland, die für das Schicksal Deutschlands von so entscheidender Bedeutung ist, liegt mir daran, erneut mit großem

Nachdruck zu betonen, daß ich als verantwortlicher Leiter der Bundesregierung mich hinter die Politik stelle, die die amerikanische Regierung seit Ihrem Amtsantritt hinsichtlich der Lösung des Ost-West-Konflikts verfolgt. Ich habe seinerzeit Ihrer Rede vom 16. April in vollem Umfange zugestimmt. Ich tue dies auch heute gleicherweise.
Wir werden positive Ergebnisse in der Auseinandersetzung mit Sowjetrußland nur erzielen, wenn wir selbst klar und eindeutig wissen, was wir wollen, und dies auch vor dem Beginn einer Verhandlung mit Sowjetrußland deutlich zum Ausdruck bringen. Als ich die Rede Premierministers Churchill vom 11. Mai las, war ich besorgt. Als ich am 14. und 15. Mai zu einem seit längerer Zeit geplanten Besuch in London war, habe ich in meinen öffentlichen Ausführungen ebenso wie in Gesprächen mit den führenden britischen Persönlichkeiten die Einheit der Westalliierten und die Einheitlichkeit ihres Vorgehens als eine notwendige Voraussetzung einer erfolgreichen Lösung der westöstlichen Spannung hervorgehoben.
In meinen Gesprächen mit Premierminister Churchill gelangten wir ähnlich wie auch in unseren Gesprächen in Washington zu der Übereinstimmung, daß die Vertragswerke und die darin enthaltenen gegenseitigen Verpflichtungen beobachtet und eingehalten werden müssen. Ich habe ferner der Auffassung Ausdruck gegeben, daß die Alliierten keine Regelung der Deutschlandfrage mit den Sowjets treffen sollten, ohne daß die Bundesregierung zu dieser Regelung gehört worden ist und ihre Zustimmung erklärt hat.
Angesichts der schicksalhaften Bedeutung einer Regelung

der Deutschlandfrage für das deutsche Volk und für Europa möchte ich mir die Anregung erlauben, daß vor einem Treffen der Alliierten mit den Vertretern Sowjetrußlands eine Konferenz der westlichen alliierten und deutschen Außenminister-Stellvertreter stattfindet, in welcher eine Übereinstimmung des für die Lösung der Deutschlandfrage auf einer Viererkonferenz einzuschlagenden Weges erzielt werden sollte. Ich glaube, daß einer solchen Bitte die Berechtigung nicht versagt werden kann, wenn man an die Aufgaben denkt, die Deutschland innerhalb der westlichen Gemeinschaft gestellt sind.

Ich darf aber noch eine weitere Bitte aussprechen. Es würde im alliierten wie im deutschen Interesse erwünscht sein, wenn die Bundesrepublik am Verhandlungsort einer Viererkonferenz durch eine Persönlichkeit vertreten sein würde, die laufend und in vollem Umfange von den Delegationen der Westmächte über die Verhandlungen unterrichtet wird. Damit wäre eine schnelle Abstimmung der Auffassungen gewährleistet.

Ich füge diesem Brief ferner eine Skizze von Gedanken und Zielen bei, deren Beachtung mir vom deutschen Standpunkt für die Lösung des Deutschlandproblems wesentlich erscheint. Über die Punkte 1–[5] der Skizze bestand bereits anläßlich des Notenwechsels mit der sowjetischen Regierung vom vergangenen Jahr (vgl. Noten der westalliierten Regierungen vom 25. 3., 13. 5., 10. 7. und 23. 9. 1952) Übereinstimmung zwischen der Bundesregierung und den drei westalliierten Regierungen.

Genehmigen Sie, Herr Präsident, den Ausdruck meiner ausgezeichneten Hochachtung.

(Adenauer)

## Anlage zum Schreiben an Eisenhower: Memorandum über die Frage der Wiedervereinigung

*29. Mai 1953*

1. Die Wiedervereinigung der Bundesrepublik mit der sowjetisch besetzten Zone und Berlin kann nur auf Grund freier, gleicher, geheimer und direkter Wahlen nach einem für das ganze Gebiet einheitlichen Wahlgesetz erfolgen. Die Freiheit der Wahl muß durch internationale Kontrolle gewährleistet sein. Die notwendigen Voraussetzungen für die Abhaltung freier Wahlen müssen nicht nur am Wahltage, sondern auch davor und danach gegeben sein.

2. Auf Grund dieser Wahlen wird eine gesamtdeutsche Regierung in freier und demokratischer Weise gebildet.

3. Die gesamtdeutsche Regierung muß von fremder Kontrolle frei sein; diese Freiheit ist sowohl vor als auch nach der Aushandlung eines Friedensvertrages wesentlich.

4. Der gesamtdeutschen Regierung darf nicht das Recht einer freien und gleichberechtigten Nation, sich zu friedlichen Zwecken mit anderen Nationen zusammenzuschließen, vorenthalten werden.

5. Die gesamtdeutsche Regierung nimmt von Anfang an als freier und gleichberechtigter Partner an den Verhandlungen über einen Friedensvertrag teil.

6. In diesem Friedensvertrag sollte das Recht aller Menschen auf die Heimat Berücksichtigung finden, wie es sich aus christlichen und naturrechtlichen Grundsätzen ergibt.

7. Keine deutsche Regierung wird je in der Lage sein, die Oder-Neiße-Linie anzuerkennen, Deutschland wird aber anstreben, die damit zusammenhängenden territorialen

Fragen in einem neuen Geist internationaler friedlicher Zusammenarbeit zu ordnen.
8. Der Vertrag über die Europäische Verteidigungsgemeinschaft begrenzt die zukünftigen Streitkräfte der Bundesrepublik und gewährleistet damit die Sicherheit ihrer Nachbarn. Deutschland rechnet seinerseits damit, daß auch seine eigene Sicherheit gewährleistet wird.

## An Dwight D. Eisenhower, Washington D.C.

*4. Juli 1953*

Sehr verehrter Herr Präsident,

In den letzten Monaten haben wir des öfteren über die Lage der Bevölkerung in der sowjetisch besetzten Zone gesprochen. Sie wissen daher, daß die Bundesregierung nicht nur mit größter Sorge den sich ständig steigernden politischen Druck verfolgt, dem die dort lebenden Deutschen ausgesetzt sind. In zunehmendem Maße erfüllt darüber hinaus die sich immer weiter verschlechternde Lebensmittelversorgung der sowjetisch besetzten Zone die Bundesregierung mit großer Besorgnis. Die Ereignisse vom 17. Juni 1953 in Berlin haben die Machthaber der Sowjetzone zwar gerade auf diesem Gebiet zur Ankündigung gewisser Erleichterungen veranlaßt, den uns vorliegenden Nachrichten zufolge ist es aber über aus zweifelhaft, ob die kommunistischen Machthaber diese Versprechungen wirklich erfüllen wollen oder auch erfüllen können. Daher muß die Lebensmittelversorgung der Sowjetzone nach wie vor als ausgesprochen gefährdet angesehen werden.

Die Bundesregierung hat zwar bedauerlicherweise keine Möglichkeit, den Menschen in der Sowjetzone den auf ihnen lastenden politischen Druck abzunehmen. Sie hält sich jedoch für verpflichtet, alles in ihrer Macht Stehende zu tun, um die Bevölkerung nach Möglichkeit wenigstens vor dem Hunger zu schützen.

Auch der Bundestag hat sich in den letzten Tagen mit dieser Frage befaßt und die Bundesregierung am 1. Juli in einer Entschließung ersucht, alle möglichen Maßnahmen zu treffen, um schnellstens eine ausreichende Versorgung der notleidenden Sowjetzone und Ost-Berlins mit Lebensmitteln sicherzustellen.

Die Bundesregierung beabsichtigt daher, in großem Umfang Mittel für Lebensmittelsendungen in die sowjetisch besetzte Zone bereitzustellen. Damit diese Lebensmittellieferungen auch dem richtigen Zweck zugeführt werden, sollen die Kirchen und caritativen Verbände mit der Durchführung dieser Aktion betraut werden.

Ich würde es dankbar begrüßen, wenn auch die amerikanische Regierung bereit sein würde, sich an dieser Hilfsaktion, die im Interesse der ganzen westlichen Welt liegt, zu beteiligen.

Ich darf daher die Frage aufwerfen, ob Sie geneigt sein würden, mit den zuständigen amerikanischen Stellen in diesem Sinne Verbindung aufzunehmen.

Genehmigen Sie, Herr Präsident, den Ausdruck meiner ausgezeichnetsten Hochachtung.

(Adenauer)

## An die drei Hohen Kommissare, Bad Godesberg

*9. Juli 1953*

Herr Botschafter,

In der 278. Sitzung des Deutschen Bundestages vom 1. Juli 1953 habe ich aus Anlaß des Aufstandes der deutschen Bevölkerung in Ost-Berlin und der sowjetischen Zone eine Regierungserklärung abgegeben. Darin forderte ich unter Hinweis auf das machtvolle Freiheitsbekenntnis der Deutschen Ost-Berlins und der Sowjetzone und unter Bezugnahme auf die der Alliierten Hohen Kommission mit Schreiben vom 12. Juni 1953 – 202-03 MB 1449/53 – notifizierte Entschließung des Bundestages vom 10. Juni zur Wiedervereinigung des ganzen Deutschland auf friedlichem Wege erneut die Abhaltung freier Wahlen. Zur Vorbereitung solcher Wahlen, die nur in geordneten freiheitlichen Verhältnissen durchgeführt werden können, hat die Bundesregierung ein Sofortprogramm aufgestellt, dessen Verwirklichung die unerläßliche Vorbedingung für die Abhaltung wirklich freier Wahlen darstellt.

a) Öffnung aller Zonenübergänge.

b) Aufhebung des Sperrstreifens und der evakuierten Zone.

c) Freizügigkeit aller Deutschen in ganz Deutschland.

d) Presse- und Versammlungsfreiheit.

e) Zulassung der Parteien.

f) Schaffung demokratischer Rechtsformen zum Schutz des Menschen gegen Willkür und Terror.

Dieses Programm beruht auf der Überzeugung, daß ohne die Wiederherstellung der allgemeinen und der persön-

lichen Freiheit in der sowjetischen Besatzungszone freie Wahlen nicht durchgeführt werden können.
Ich wäre Ihnen dankbar, wenn Euere Exzellenz Ihrer Regierung diese Forderungen zur Kenntnis bringen und sie bitten würden, dieses Sofortprogramm den Beratungen über die Wiedervereinigungsfrage auf der bevorstehenden Konferenz der Außenminister in Washington zu Grunde zu legen.
Genehmigen Sie, Herr Botschafter, den Ausdruck meiner ausgezeichnetsten Hochachtung.

gez. Adenauer

An Maria Schlüter-Hermkes, Pau/Basses-Pyrénées

*20. Juli 1953*

Liebe Frau Schlüter!

Zunächst danke ich Ihnen herzlich für Ihre Grüße und beglückwünsche Sie und Margilt zu dem Mut zu zelten. Hoffentlich bekommt es Ihnen gut.
Ich erhielt heute Ihren Brief vom 18. 7. „Le Monde“ ist schon seit einiger Zeit außerordentlich gehässig gegenüber Deutschland. Als ich in Paris war, sagte man mir, daß gewisse Gelder dahintersteckten. Selbstverständlich habe ich die von ihr wiedergegebene Äußerung nicht gemacht. Ich habe immer, wenn ich von den Gebieten jenseits der Oder/Neiße sprach, ausgeführt, daß eine friedliche Verständigung zwischen einem freien Polen und Deutschland zur gegebenen Zeit herbeigeführt werden müsse. Ich könnte mir da verschiedene Möglichkeiten denken. Es ist eine völlige Unwahrheit, wenn die Zeitung

behauptet, daß für uns die Europäische Verteidigungsgemeinschaft allein das Mittel sei, sicher und schnell diese Provinzen uns zurückzugewinnen. Ich ermächtige Sie gern, zu erklären, daß all das 100 % unwahr ist.
Ich ermächtige Sie weiter, zu sagen, daß die Europäische Verteidigungsgemeinschaft mir absolut notwendig erscheint, einmal gegenüber der Bedrohung aus dem Osten, ferner aber auch, um Kriege unter europäischen Völkern, speziell zwischen Frankreich und Deutschland, für alle Zukunft unmöglich zu machen und endlich, um den europäischen Ländern wieder den genügenden politischen und wirtschaftlichen Einfluß zu verschaffen.
Grüßen Sie Margilt recht herzlich und seien Sie selbst herzlich gegrüßt von

Ihrem ergebenen
(Adenauer)

## An Dwight D. Eisenhower, Washington D.C.

*10. August 1953*

Sehr verehrter Herr Präsident!

Die Bevölkerung Ostberlins und der sowjetisch besetzten Zone nimmt die so wirksame Lebensmittelhilfe, die ihr auf Grund des raschen Handelns der amerikanischen Regierung gewährt wird, mit tiefer Dankbarkeit auf. Ich darf auch meinerseits hierfür erneut meinen aufrichtigen Dank aussprechen. Ihre großzügige Bereitschaft, den notleidenden Menschen zu helfen, gibt mir den Mut, Ihnen noch einen anderen Wunsch zu unterbreiten:
Es werden bis zum Winter nur wenige Monate vergehen,

und wir müssen damit rechnen, daß die Bevölkerung des Ostsektors und der sowjetisch besetzten Zone an warmer Kleidung und Schuhen großen Mangel leiden wird. Die Bundesregierung wird alles in ihren Kräften Stehende tun, um auch in dieser Hinsicht der Not zu steuern. Ich würde aber besonders dankbar dafür sein, wenn die amerikanische Regierung sich entschließen könnte, diese Hilfsaktion durch die Bereitstellung von warmer Wäsche, Unterwäsche, Strümpfen und Schuhen für Männer, Frauen und Kinder in den notleidenden Gebieten zu fördern.

Genehmigen Sie, sehr verehrter Herr Präsident, den Ausdruck meiner ausgezeichnetsten Hochachtung.

(Adenauer)

## An Dannie N. Heineman, New York

*2. Oktober 1953*

Lieber Freund!

Herzlichen Dank für Ihren ausführlichen Brief vom 16. September, den ich auf Bühlerhöhe mit Muße lesen konnte. Ich danke Ihnen außerdem sehr für die interessanten Ausschnitte.

Sie fragen, was ich am Montag morgen nach der Wahl gedacht habe. Nun, ehrlich gesagt, der Sieg war mir etwas zu groß. Wenn in einer Regierungskoalition eine Fraktion sehr groß und die anderen relativ sehr klein sind, gibt es immer Schwierigkeiten. Die Größe des Sieges darf auch nicht darüber hinwegtäuschen, daß es vielfach ein persönlicher Erfolg war und daß meine Partei nun viel Arbeit

Mit Dannie N. Heineman

und Mühe darauf verwenden muß, daß sie den Boden, den sie jetzt gewonnen hat, auch für die nächsten Wahlen behält. Ein Mann, der plötzlich reich geworden ist, hat die Sorge, den Reichtum zu bewahren, eine Sorge, die er nicht hatte, als er nicht so reich war.
Die außenpolitische Situation ist durch die Haltung der Labour Party, die sehr geschickt in ihrer Entschließung Churchill an seiner verwundbarsten Stelle gepackt hat, nicht erleichtert worden.
Ich hatte im allgemeinen hier sehr schlechtes Wetter. Ich fahre morgen nach Bonn zurück. Wie ich höre, sind Sie für November hier angemeldet, dann werde ich Sie ja sicher sehen.
Ihre Idee des europäischen Passes halte ich für sehr gut. Sie haben sie mir schon seinerzeit entwickelt. Ich bemühe mich fortgesetzt, dieser Idee zum Durchbruch zu verhelfen. Frankreich hat sich jetzt wenigstens dazu verstanden, für das Visum, das zur Einreise nach Frankreich noch immer notwendig ist, keine Gebühren mehr zu erheben. Bisher war es das teuerste aller Visen.
Ihrer Frau und Ihnen recht herzliche Grüße

Ihr
A(denauer)

## An Ria Reiners, Mönchengladbach

*2. Oktober 1953*

Liebe Ria!

Zu Deinem Geburtstage meine herzlichsten Glückwünsche, Dir, Deinem Manne und Deinen Kindern! Es war ein Tag ähnlich wie der heutige war, als Du auf die

»Bonner Variation eines Gesellschaftsspiels« (»Der Tagesspiegel« vom 3. September 1953)

Welt kamst, nur war in der Nacht schon der erste Frost eingetreten. Ich hoffe, daß Walter an Deinem Geburtstage wieder zurück ist. – Wir fahren morgen – Samstag – nach Hause. Seit 3 Tagen wirklich herrliches Wetter, und nun muß ich fort, ich werde in Bonn dringend benötigt. Es [wird] recht schwierige Besprechungen geben: die CDU/CSU ist zu groß, die anderen sind zu klein, die einen wollen das, was ihnen ziffernmäßig zusteht, die andern fürchten, dann nur noch Anhängsel zu sein. – Auch außenpolitisch sieht es schwierig aus. – Nun, man muß Geduld haben.
Ich hoffe, daß es Euch allen, besonders Dir, gut geht, und bin mit herzlichen Grüßen, auch von Lotte, an Euch alle

Dein Vater

AN FRANS VAN CAUWELAERT, BRÜSSEL

*11. November 1953*

Sehr verehrter Herr Präsident, mein lieber Freund!

Ihr Brief vom 29. Oktober, in dem Sie in so herzlichen Worten mich ansprechen, hat mich sehr gefreut. Ich danke Ihnen aufrichtig dafür. Ich glaube in der Tat, daß das deutsche Volk, insbesondere durch diese Wahl, deutlich gezeigt hat, daß es mit links- oder rechtsradikalen Elementen nichts mehr zu tun hat. Die Wahl ist auch ein Sieg des Gedankens, christliche Grundsätze in der Politik maßgeblich sich auswirken zu lassen und insofern wohl für alle christlichen Parteien in Europa erfreulich. Nach den Verlusten, die die christliche Partei Italiens bei den im Juni stattgefundenen dortigen Wahlen erlitten hat, ist der

Sieg der CDU/CSU für die Geltung des christlichen Gedankens natürlich besonders wertvoll. Ich hoffe, daß diese Wahl auch einen stärkenden Einfluß ausübt auf die christlichen Parteien in anderen europäischen Ländern.
Ich erkundige mich, so oft ich Belgier sehe, nach Ihnen und Ihrem Befinden und freue mich über die guten Nachrichten, die ich dann erhalte. Da ich aus Ihrem Brief entnehme, daß Sie gelegentlich in Deutschland weilen, würde es mir eine ganz große Freude sein, wenn Sie mich bald einmal aufsuchen würden, mögen Sie nun als Privatmann kommen, als offizielle Persönlichkeit oder in beiden Eigenschaften. Sie werden mir immer sehr willkommen sein.
Seien Sie herzlich gegrüßt von Ihrem sehr ergebenen

(Adenauer)

## An Josef Joos, Fulda

*21. November 1953*

Sehr geehrter Herr Joos!

Ich danke Ihnen für Ihren Brief vom 19. d. Mts. Ich glaube, daß Ihre Befürchtungen unbegründet sind. Die Wiederaufrichtung Preußens verlangt kein irgendwie maßgebender vernünftiger Mensch. Die Ausführungen des Herrn Mende sind das Produkt eines politisch nicht gereiften Menschen.
Ich glaube, bei der Beurteilung der gesamten Lage müßte man davon ausgehen, daß, selbst wenn die Gefahr nationalsozialistischer Rückschläge bestünde, es doppelt richtig

sein würde, Deutschland in die europäische Gemeinschaft aufzunehmen und darin zu binden. Ich halte daher die Tendenzen in Frankreich, von denen Sie sprechen, für ganz unbegründet. Ich erkläre sie mir auch anders. Sie beruhen z. T. zweifellos auf sowjetrussischer, z. T. durch russisches Geld unterstützter Propaganda. Zum Teil beruhen sie auf folgendem: Frankreich und insbesondere der Quai d'Orsay haben noch immer die Meinung, daß Frankreich eine europäische Großmacht sei, die in einer Reihe zähle mit den Vereinigten Staaten und Großbritannien. Sie fürchten, wenn Frankreich in Europa integriert werde, werde es diese Stellung nicht mehr haben. Dagegen sträuben sie sich auf jede mögliche Weise. In Wirklichkeit – ich glaube, ich brauche das Ihnen wohl gar nicht zu sagen – ist Frankreich keine europäische Großmacht mehr und wird von den beiden anderen nur mitgenommen. Es kann erst wieder zu Bedeutung kommen, wenn es in die europäische Gemeinschaft hineingeht und in ihr sich seiner Kraft wieder bewußt wird.
Ich bitte Sie, auch zu bedenken, daß die Lösung der Saarfrage in französischem Sinne für Deutschland ein großes, sehr großes Opfer bedeuten würde. Es wird großer Schwierigkeiten bedürfen, eine Lösung, die vom deutschen Volke akzeptiert wird, zu finden.
Wenn die EVG und damit die europäische Gemeinschaft nicht zustande kommt, fürchte ich einen sehr bösen Rückschlag in der psychologischen Haltung des deutschen Volkes. Ich bin ehrlich erschrocken darüber, wie stark die Stimmung in Frankreich seit den Tagen Schumans, insbesondere seit 1950, sich geändert hat. Ich glaube, das ist

Ausgabe des amerikanischen Nachrichtenmagazins »Time« vom 4. Januar 1954

darauf zurückzuführen, daß seit 1950 das deutsche Volk wieder erstarkt ist.
Mit herzlichen Grüßen

Ihr ergebener
(Adenauer)

An Heinrich Schrömbgens, Karlsruhe

*30. Dezember 1953*

Lieber Schrömbgens!

Es ist wirklich ein schwer zu verzeihendes Vergehen von mir, daß ich Dir auf Deinen so freundlichen Brief vom 11. 10. und die Bilder noch nicht geantwortet habe. Ich lege Dir bei den Anfang eines Antwortbriefes, der aber dann leider wegen Überbelastung nicht zu Ende geschrieben worden ist. Du siehst aber daraus, wie sehr ich mich gefreut habe. Ich erinnere mich immer weiterer Gefährten von damals, wenn ich das Bild mir ansehe. Es war eine sehr schöne Zeit.
Es tut mir aufrichtig leid, aus Deinem Briefe vom 29.12. zu sehen, daß Du eine schlechte Zeit hinter Dir hast; hoffentlich macht die Besserung stetige und schnelle Fortschritte.
Mir geht es leidlich. Die Arbeitsintensität und vor allem die große Verantwortung bedrücken mich doch sehr. Auch lastet schwer der Gedanke auf mir, was werden soll, wenn ich plötzlich ausfalle. Es ist alles zu sehr auf mich konzentriert.
Deiner Frau, Dir und allen den Deinen wünsche ich von Herzen alles Gute für das Jahr 1954.

Die ersten Monate werden für uns alle von lebenswichtiger Bedeutung sein.
Deiner Frau und Dir recht herzlich Grüße!

Dein
K. Adenauer

[Anlage: Der angefangene Brief vom 13. Oktober 1953]
Lieber alter Fuchsmajor (so sage ich im Anblick des Bildes).
Zunächst danke ich Dir und den Deinen herzlich für die guten Wünsche. Ich kann geistige Hilfe wohl gebrauchen, denn die mir auferlegte Bürde ist schwer.

An Erich Ollenhauer, Bonn

*19. Februar 1954*

Sehr geehrter Herr Ollenhauer!

Zu unser aller schmerzlichem Bedauern hat uns die Berliner Konferenz, obwohl man sie nicht als einen völligen Fehlschlag bezeichnen kann, ihrem eigentlichen Ziel, nämlich der Wiedervereinigung Deutschlands, nicht direkt näher gebracht. Nachdem die Erwartungen, die sich bei vielen an diese Konferenz geknüpft haben, nicht erfüllt worden sind, ist nach meiner Meinung eine neue Lage entstanden. Das Verhalten Sowjetrußlands in der Deutschlandfrage zeigt, daß die Sowjets zur Zeit nicht bereit sind, die Teilung Deutschlands zu beseitigen. Auch die Haltung der Sowjets in der Österreich-Frage beweist, daß sie zur Zeit an dem bestehenden Zustand nichts ändern wollen.

Während der außenpolitischen Bundestagsdebatte
vom 29./30. April 1954

Angesichts dieser Lage würde ich es im Interesse einer Außenpolitik, die den Lebensnotwendigkeiten des deutschen Volkes gerecht wird, begrüßen, wenn auch Ihre Fraktion ihre Stellung zu den außenpolitischen Fragen überprüfen und im Lichte der jetzt gewonnenen Erfahrungen zu Folgerungen kommen würde, die in der Richtung der von der Bundesregierung betriebenen Außenpolitik liegen.
Zu einer Rücksprache hierüber stehe ich Ihnen zu einem zu vereinbarenden Zeitpunkt gern zur Verfügung.
Mit besten Grüßen

Ihr ergebener
(Adenauer)

AN SIR WINSTON L. S. CHURCHILL, LONDON

*3. September 1954*

Sehr verehrter Sir Winston,

Ich danke Ihnen für die persönliche Botschaft, die Sie mir in diesem kritischen Zeitpunkt geschickt haben. Die Gedanken und Gefühle, die Sie darin ausdrücken, haben mich sehr bewegt.
Ich kann Sie versichern, daß mir nichts ferner liegt, als die immer kostbarer werdende Zeit mit bloßen Prinzipienstreitigkeiten zu verlieren oder nunmehr in Maßlosigkeit zu verfallen, nachdem der in sich abgewogenen Lösung, die der EVG-Vertrag für die Stärke des deutschen Verteidigungsbeitrags vorsah, sich jetzt Schwierigkeiten in den Weg gestellt haben. Der Gedanke, dabei an die Kräfteverteilung des EVG-Planes anzuknüpfen, war auch mir selbst

Mit Winston L. S. Churchill

schon gekommen. Vor allem aber teile ich Ihre Auffassung, daß die Lösung in einem freiwilligen Akt der Selbstbeschränkung bestehen muß, wenn sie Deutschland moralische Würde und Ansehen verleihen soll. Mit Dankbarkeit nehme ich deshalb auch zur Kenntnis, daß auch Ihnen dafür eine Form notwendig erscheint, die dem gleichberechtigten und ehrenhaften Status der Bundesrepublik Deutschland in keiner Weise Abbruch tut.
In großer Bewunderung für die geschichtliche Leistung, die Sie für Europa und den Frieden der Welt vollbringen, bin ich

Ihr sehr ergebener
gez. Adenauer

AN ARMISTEAD L. BRADFORD, PARIS

*4. September 1954*

Sehr geehrter Herr Bradford,

Ich beantworte sehr gern die von Ihnen gestellten Fragen:
*1. Frage:* Die politische und militärische Lage in Europa ist durch die Abstimmung des französischen Parlaments über EVG zweifellos sehr ernst geworden. Der Kommunismus, der durch seine Stimmen in dem französischen Parlament diese Entscheidung herbeigeführt hat, ist damit in das europäische Lager selbst mit Erfolg eingedrungen. Die Atlantische Verteidigung ist durch die Zerstörung ihres wesentlichen europäischen Pfeilers, der EVG, in ihrer Grundlage gefährdet. Europa ist in einem kritischen Zeitpunkt seiner Auseinandersetzung mit dem Osten geschwächt worden.

Aber ich hoffe fest, daß auf diesen selbstzerstörerischen Schritt in Europa eine Besinnung und Ernüchterung folgen wird, und daß sich so die schlimmen, sonst zu befürchtenden Folgen noch abwenden lassen.
*2. Frage:* Die Ablehnung der EVG hat in der Tat die Wiederaufrüstung Deutschlands noch dringlicher gemacht. Wird sie jetzt nicht sofort ins Werk gesetzt, so würde der durch die Ablehnung der EVG errungene Erfolg des Kommunismus in aller Welt als entscheidender Sieg erscheinen und die gesamte westliche Verteidigung wäre aufs äußerste gefährdet.
*3. Frage:* Über die Form, in welcher sich nach meiner Auffassung die Wiederaufrüstung Deutschlands nach der Abstimmung in Paris vollziehen muß, möchte ich im einzelnen noch nicht sprechen. Die Bundesregierung hat jedoch ihre grundsätzliche Auffassung bereits dargelegt. Sie hat sich für das deutsche Volk auch in dieser kritischen Stunde erneut zur Einigung Europas bekannt; sie hat deutlich gemacht, daß sie auch auf militärischem Gebiet in dem Rückschlag nur eine Unterbrechung, nicht aber ein endgültiges Scheitern erblickt. Inzwischen ist sie zu allen provisorischen Lösungen bereit, welche die Stunde erfordert. Selbstverständlich muß hierbei der Grundsatz der Nichtdiskriminierung angewendet werden, der […] die […] feierlich ausgesprochene Grundlage des EVG-Vertrages bildet. In diesem Rahmen aber ist die Bundesregierung bereit, alle raschen und wirksamen Lösungen zu erörtern.
Mit freundlichen Grüßen
Ihr sehr ergebener Adenauer

## An Ria Reiners, Mönchengladbach

*6. September 1954*

Liebes Töchterchen!

Nun stehen auch wir vor der Abreise: heute Nachmittag geht's los. Morgen fängt der Betrieb in Bonn an, und dann wird eine Flut von Arbeit, Besprechungen und Konferenzen hereinbrechen; übrigens muß ich Freitag nach Lübeck, Samstag nach Kiel.

Senator [W]iley hat mich über den Abschied von Dir hinweggebracht (es ist mir ernst, das Zusammensein mit Dir war sehr schön). Er kam in mein Zimmer mit ausgestreckten Armen und „Du, Du liegst mir im Herzen" singend. Das Zusammensein mit ihm war politisch sehr *wertvoll*, es hat offenbar Conant sehr beeindruckt. Später kam Hoyer Millar drei Stunden, es war eine gute Aussprache, er brachte eine schriftliche Botschaft von Churchill. Der Freitag war ganz besetzt mit Fernseh- u. anderen Interviews. Es geht doch nichts über geruhsame Ferien.

Paul und ich haben aber doch allmählich die gewohnten Spaziergänge wieder aufgenommen. Ich weiß, wie glücklich Du bist, wieder bei Mann und Kind bzw. Kindern zu sein; denn die beiden sollen ja diese Woche wieder eintreffen. Dann geht überall das alte Leben wieder los. Am Freitag kam übrigens Konrad mit Frau u. Kindern für 2 Stunden gut erholt herein. Der Trost-Engel läßt vielmals grüßen, er tröstet wirklich.

Dir nochmals sehr herzlichen Dank für das so wohltuende Beisammensein. Euch allen, besonders Dir u. Walter, herzlichste Grüße und auf baldiges Wiedersehen!

Dein Vater

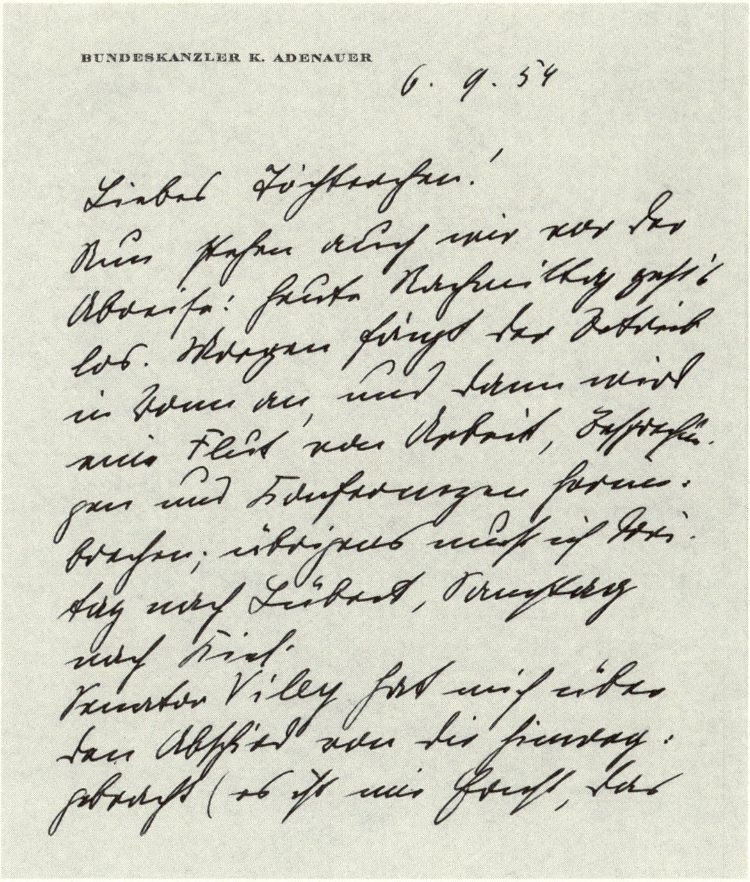

BUNDESKANZLER K. ADENAUER

6. 9. 54

Liebes Töchterchen!

Nun stehen auch wir vor der Abreise: heute Nachmittag geht's los. Morgen fängt der Betrieb in Bonn an, und dann wird eine Flut von Arbeit, Besprechungen und Unterredungen herein-brechen; übrigens muß ich Donnerstag nach Lübeck, Samstag nach Kiel.

Senator Wiley hat mich über den Abschied von hier hinweg-gebracht (es ist mir schwer, das

An Ria Reiners (Auszug)

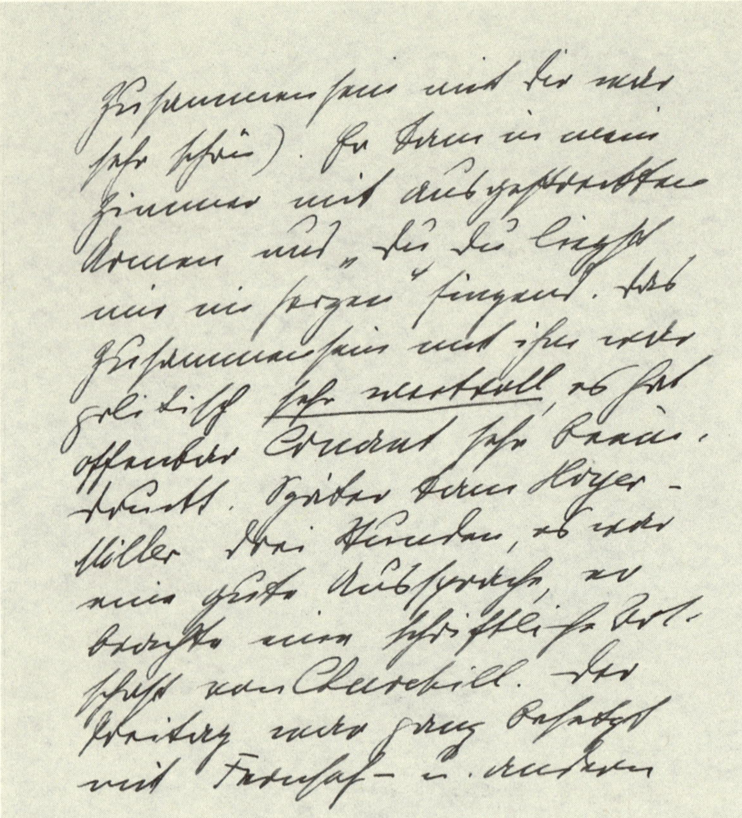

Zusammensein mit der war
sehr schön). Er war in einem
Zimmer mit ausgestopften
Vögeln und „bis die Lichter
mir im Herzen singen". Das
Zusammensein mit ihm war
geistig sehr wertvoll, er hat
offenbar Eindruck sehr beein-
druckt. Später war Hoyer-
Müller drei Stunden, er war
mit guter Aussprache, er
brachte eine schriftliche Bot-
schaft von Churchill. Der
Freitag war ganz besetzt
mit Familien- u. anderen

An Sir Winston L. S. Churchill, London

*4. Oktober 1954*

Sehr verehrter Sir Winston,

Bei meiner Rückkehr nach Bonn darf ich Ihnen meine große Befriedigung über den Verlauf der Neunmächtekonferenz zum Ausdruck bringen, die auf Grund Ihrer Initiative zusammengetreten ist. Ich halte es für das wichtigste Ergebnis dieser Konferenz, daß sie die große Unsicherheit beseitigt hat, die innerhalb der Gemeinschaft der freien Völker seit der Entscheidung der französischen Nationalversammlung vom 30. August und der Aufgabe des Vertrages über die Europäische Verteidigungsgemeinschaft entstanden ist. Auf der Neunmächtekonferenz in London ist die so stark gefährdete Einheit der westlichen Welt wiederhergestellt worden.

Für die Bundesrepublik bedeutet diese Konferenz zugleich einen entscheidenden Schritt vorwärts auf dem Wege zur Wiederherstellung ihrer Souveränität und ihrer Aufnahme in die beiden großen Vertragssysteme der westlichen Welt, den Pakt von Brüssel und die nordatlantische Organisation. Damit wird, sobald die Verträge ratifiziert sind, die Bundesrepublik Deutschland ihren Platz als ein gleichverpflichteter und gleichberechtigter Partner innerhalb der freien Welt finden.

Lassen Sie mich, verehrter Sir Winston, Ihnen in dieser Stunde, in der wir hoffen können, daß der europäische Zusammenschluß nun endlich zu einer Realität wird, aufrichtig danken für die so ausgezeichneten und freundlichen Ratschläge, die Sie mir in diesen Wochen gegeben haben, und für den historischen Entschluß der britischen

Mit John Foster Dulles

Regierung, ihre Truppen auf dem Kontinent zu belassen. Er hat für diese glückliche Wende die entscheidenden Voraussetzungen geschaffen.

Mit aufrichtigen Grüßen

Ihr sehr ergebener
(Adenauer)

AN JOHN J. MCCLOY, NEW YORK

*18. Oktober 1954*

Lieber Herr McCloy!

Sie werden sich denken können, wie sehr mich die Ergebnisse der Londoner Konferenz mit Freude und neuer Hoffnung erfüllt haben, nachdem wir mit der Ablehnung der Europäischen Verteidigungsgemeinschaft durch Frankreich außenpolitisch praktisch vor einem Nichts standen. Das Zustandekommen des Londoner Abkommens ist zweifellos durch die tatkräftige Unterstützung der amerikanischen Regierung entscheidend gefördert worden. Ich darf dies mit Dankbarkeit feststellen.

Über diesem bedeutenden außenpolitischen Erfolg soll jedoch nicht vergessen werden, daß die Wiederbewaffnung dem deutschen Volk neue schwere finanzielle Lasten aufbürdet. Dieses wiegt um so schwerer, weil es trotz aller vom Ausland anerkannten Anstrengungen noch nicht gelungen ist, alle in das Bundesgebiet eingeströmten Heimatvertriebenen in das Wirtschaftsleben der Bundesrepublik einzugliedern. Die Aufgabe wird durch den laufenden Zustrom neuer Flüchtlinge aus der Sowjetzone noch weiter erschwert.

Ich habe wiederholt zum Ausdruck gebracht, daß dieses Problem mit deutschen Mitteln allein nicht gelöst werden kann. Die Bundesrepublik ist, wenn das immer noch bestehende Elend vieler Vertriebener und Flüchtlinge beseitigt werden soll, auf die finanzielle Hilfe des Auslandes angewiesen.

Ich darf mir daher die Bitte erlauben, daß Sie Ihren weitreichenden Einfluß geltend machen möchten, um der Bundesrepublik eine amerikanische Anleihe zu beschaffen, die mit dazu beitragen könnte, das Vertriebenen- und Flüchtlingsproblem bald und endlich zu lösen. Hierbei denke ich an eine Anleihe in der Größenordnung von etwa 100 Mio. Dollar. Ich darf dabei der Überzeugung Ausdruck geben, daß auch Sie es aus vielerlei Gründen als notwendig ansehen werden, daß eine Lösung des Vertriebenen- und Flüchtlingsproblems in Aussicht steht, wenn man an den Aufbau deutscher Streitkräfte herangeht.

Erlauben Sie mir, Ihnen schon jetzt meinen Dank für Ihre Bereitschaft, in dem von mir erbetenen Sinne zu wirken, auszusprechen.

Mit vielen Grüßen

Ihr ergebener
(Adenauer)

## An Robert Schuman, Paris

*24. Dezember 1954*

Sehr verehrter Herr Präsident,

die letzten Vorgänge in der französischen Nationalversammlung in der Nacht vom Donnerstag, dem 23., auf

Gruß aus London (2. Oktober 1954)

Gruß aus Paris
(23. Oktober 1954)

PARIS - The Eiffel Tower

Paris, 21. 10. 54
Lieber Konradin,
Herzliche Grüsse
von der entschei-
denden Pariser
Konferenz.
Grossvater

Fabrication Française Reproduction Interdite

3526
Photo Véritable

Allemagne

An den Schüler
Konradin Adenauer

Köln-Lindenthal
Platzhof 1

Freitag, den 24. Dezember, haben mich aufs äußerste beunruhigt. Sollte die Nationalversammlung auf einer Ablehnung der Westeuropäischen Union verharren, so sind die Folgen unabsehbar. In Deutschland würde die tiefe Enttäuschung, die bereits über die Entscheidung der französischen Nationalversammlung vom 30. August eingetreten war, noch weiter erheblich verstärkt werden. Ich fürchte, daß sich dann das deutsche Volk in seiner überwältigenden Mehrheit – und vor allem die deutsche Jugend – von der Idee der Versöhnung und des Zusammengehens Frankreichs und Deutschlands und des europäischen Zusammenschlusses abwenden wird. Ich halte damit meine Mission, Frankreich und Deutschland zusammenzuführen, für gescheitert. Es wird damit alles gefährdet, was uns in den letzten Jahren als Ziel für den Neuaufbau einer in Frieden und Freiheit gesicherten europäischen Welt vor Augen stand. Unser Ziel – ein auf christlicher Basis ruhendes Europa, das in der übrigen Welt seine Tradition, sein christliches Gedankengut vertreten könnte – ist damit gescheitert.

Ich darf an Sie als Freund von ganzem Herzen aufs eindringlichste appellieren, Ihren großen Einfluß dafür einzusetzen, daß diese für uns alle katastrophale Situation vermieden wird. So weit ich die Dinge übersehen kann, liegt es ganz in den Händen des [Mouvement Républicain Populaire], ob eine Rettung möglich ist.

Ich glaube auch, daß der Vertrag der Westeuropäischen Union eine europäische Integration durchaus möglich macht, wenn wir wollen – und wir wollen. Ich glaube aber, daß die Ablehnung der Westeuropäischen Union ein tödlicher Schlag für den europäischen Gedanken ist, soweit Deutschland in Frage kommt.

Um unserer gemeinsamen Ideale willen bitte ich Sie: treten Sie beim [Mouvement Républicain Populaire] dafür ein, daß vor den großen Zielen alle persönlichen, noch so berechtigten Empfindungen zurücktreten.

Mit allen guten Wünschen für Weihnachten und Neujahr

Ihr

(Adenauer)

An Erich Ollenhauer, Frankfurt/Main

*29. Januar 1955*

Sehr geehrter Herr Ollenhauer!

Nach Erhalt Ihres Briefes vom 23. Januar 1955 bin ich in eine nochmalige Prüfung der Frage, die Regierungen der Vereinigten Staaten, Großbritanniens und Frankreichs zu ersuchen, mit der Sowjetregierung über deren Vorschläge in der Erklärung vom 15. Januar 1955 noch vor der Ratifizierung der Pariser Verträge zu verhandeln, eingetreten; ich habe diese Prüfung nach meiner Rückkehr von Bühlerhöhe mit meinen Herren und Vertretern der Regierungsparteien fortgesetzt und zum Abschluß gebracht. Das Ergebnis teile ich im Nachstehenden mit […]; ich hoffe, daß Sie dieser Brief noch rechtzeitig vor der Versammlung in der Paulskirche in Frankfurt erreicht.

Ich brauche nicht besonders zu betonen, daß der Bundesregierung ebenso wie allen Schichten und Ständen des deutschen Volkes die Wiedervereinigung Deutschlands in Frieden und Freiheit das vordringlichste Ziel ist. Ich bin überzeugt, daß, wenn beide Teile Deutschlands frei in ihrem Handeln wären, diese Vereinigung sich in kürzester Zeit und ohne jede Schwierigkeit vollziehen würde. Aber wir sind nicht frei. Unser Land ist als Folge des verlorenen Krieges von vier Mächten besetzt. Wir müssen, wenn wir richtig handeln wollen, vor allem unsere eigene Lage richtig beurteilen. Wie Sie in Ihrem Brief richtig schreiben, kann die Wiedervereinigung nur durch die Einigung der vier Besatzungsmächte erfolgen. Es genügt nicht, sich mit der Sowjetunion zu einigen; wir brauchen auch die Zustimmung der drei Westmächte, um zu einem befriedigenden Ergebnis zu kommen. Es ist in dem Pariser Vertragswerk gelungen, die drei Westmächte für eine Form der Wiederherstellung der deutschen Einheit zu gewinnen, die unseren Auffassungen entspricht, nämlich für eine Wiedervereinigung in Frieden und Freiheit. Allerdings ist die Verpflichtung der Westmächte, gemeinsam mit uns die Wiedervereinigung in Frieden und Freiheit herbeizuführen, nicht bedingungslos eingegangen worden; sie ist an die Ratifizierung der Pariser Verträge geknüpft. Es kommt jetzt darauf an, die Sowjetunion zu einer Änderung ihrer bisher völlig negativen Haltung in der deutschen Frage zu bewegen.

Ihre Auffassung, daß man es 1952 versäumt habe, die Ernsthaftigkeit des sowjetischen Angebotes zu erproben, ist nicht zutreffend. Dieses sowjetische Angebot wurde von den Westmächten im Einvernehmen mit uns sorgfältig geprüft und mit Gegenvorschlägen beantwortet; die Sowjetunion brach jedoch im September 1952 den Notenwechsel mit den Westmächten ab.

Auf meine Veranlassung haben die Westmächte am 15. 7. 1953 der Sowjetregierung erneut eine Konferenz über die Deutschlandfrage vorgeschlagen. Sie wissen, daß ein mehrmonatiger Notenwechsel erforderlich war, um ein Einverständnis der Sowjetregierung zur Abhaltung dieser Konferenz zu erreichen. Trotz der geduldigen Bemühungen der Westmächte war das Ergebnis der Berliner Konferenz, die vor genau einem Jahr stattfand, in der Frage der Wiedervereinigung in jeder Hinsicht negativ.
Ungeachtet dieser enttäuschenden Erfahrungen haben die Westmächte im Notenwechsel des vergangenen Jahres einer neuen Deutschlandkonferenz grundsätzlich zugestimmt und in ihrer Note vom 29. November die Sowjetregierung um klare Antwort auf präzise formulierte Fragen als Vorbereitung einer neuen Konferenz gebeten. Die Sowjetregierung hat diese Fragen bis zum heutigen Tage nicht beantwortet.
Die Sowjetunion hat ferner niemals, auch nicht in ihrer Erklärung vom 15. Januar d. Js., klar dem vom Deutschen Bundestag wiederholt beschlossenen und von uns gegenüber den vier Mächten geforderten Programm der Wiedervereinigung zugestimmt, nämlich

1. Abhaltung freier Wahlen in ganz Deutschland;
2. Bildung einer freien Regierung für ganz Deutschland;
3. Abschluß eines mit dieser Regierung frei vereinbarten Friedensvertrages;
4. Regelung aller noch offenen territorialen Fragen in diesem Friedensvertrag;
5. Sicherung der Handlungsfreiheit für ein gesamtdeutsches Parlament und eine gesamtdeutsche Regierung

im Rahmen der Grundsätze und der Ziele der Vereinten Nationen.

Die Sowjetregierung hat in der nicht an die drei Westmächte gerichteten, sondern gegenüber der Presse abgegebenen Erklärung vom 15. Januar nur gesagt, daß sie unter gewissen Bedingungen zu Verhandlungen über freie Wahlen bereit sei. Dabei fällt auf, daß im russischen Text nicht das Wort „Kontrolle" für diese Wahlen gebraucht wird, sondern, obwohl dieses eindeutige Wort Kontrolle in der russischen Sprache existiert, ein weniger präzises Wort, das auch im Sinne von „Beobachtung" verstanden werden kann. Über unsere anderen Verlangen hat sie entweder geschwiegen oder zu erkennen gegeben, daß sie bis auf weiteres das Nebeneinanderbestehen der Bundesrepublik und der DDR anstrebt.

Sie vertreten die Auffassung, daß wir trotzdem vor der Ratifizierung des Pariser Vertragswerkes uns bemühen sollten, eine Viererkonferenz herbeizuführen. Ich muß Ihnen leider sagen, daß ich ein derartiges Vorgehen für nicht vereinbar mit den deutschen Interessen halte. Halten Sie sich doch bitte immer wieder die Situation vor Augen, wie sie ist: Die Sowjetunion hat bisher unserem Programm der Wiedervereinigung nicht zugestimmt. Im Gegenteil, sie hält offenbar, wie ihr Verlangen der Bündnislosigkeit des zukünftigen Deutschlands zeigt, an ihrer für uns unannehmbaren bisherigen Konzeption des zukünftigen Status Deutschlands fest. Die drei Westmächte haben sich zwar verpflichtet, für den von uns, d.i. dem Bundestage, immer wieder geforderten Status einzutreten, aber unter der Bedingung der Ratifizierung der bisher

noch nicht von allen in Frage kommenden Staaten ratifizierten Verträge.
Dazu kommt, daß die Westmächte es aus berechtigten Gründen ablehnen, zur Zeit, d. i. vor der Ratifizierung der Pariser Verträge, eine Viererkonferenz vorzuschlagen, daß sie aber nach der Ratifizierung dazu bereit sind. Wenn wir jetzt trotzdem die drei Westmächte ersuchen, an die Sowjetunion heranzutreten, werden diese das Ersuchen unter Hinweis auf ihre von Sowjetrußland nicht beantwortete Note vom 29. 11. 1954 ablehnen. Wir laufen dann Gefahr, daß die Ratifizierung der Pariser Verträge nicht erfolgt, daß also die Verpflichtung der drei Westmächte, mit uns zusammen die Wiedervereinigung in Frieden und Freiheit zu betreiben, nicht zustandekommt, daß andererseits die Sowjetunion ebenfalls keine solche Verpflichtung übernimmt, kurz, daß sich Deutschland, wie so oft in den letzten Jahrzehnten, ohne Freunde zwischen sämtliche Stühle gesetzt hat. Wir bleiben dann im Zustand der Unfreiheit, bis sich die vier Siegermächte geeinigt haben. Unsere Wirtschaft, die auf Ein- und Ausfuhr angewiesen ist, erhält dann einen vernichtenden, alle Volksschichten treffenden Schlag, da sie auf dem Vertrauen der anderen Länder in die Stetigkeit unserer politischen Entwicklung beruht.
Über alles, was die Sowjetunion in den letzten Tagen und Wochen zur deutschen Frage geäußert hat, läßt sich nach der Ratifizierung genau so gut verhandeln wie vorher.
Natürlich kommt es darauf an, zu erforschen, ob die Sowjetunion durch internationale Verhandlungen auf dem Gebiet der Sicherheit und des Handels bewogen werden

kann, der Wiedervereinigung Deutschlands in Freiheit zuzustimmen. Eine derartige Bereinigung der politischen Verhältnisse in Europa würde auch der Sowjetunion erhebliche Vorteile bringen. Ich bin zuversichtlich, daß es uns *im Verein* mit den Westmächten gelingen wird, die sowjetische Führung von unseren und der Westmächte friedlichen und konstruktiven Absichten zu überzeugen, so daß sie auch nach der Ratifizierung der Pariser Abkommen zu aussichtsreichen Verhandlungen bereit ist.

Mit vorzüglicher Hochachtung

Ihr sehr ergebener
(Adenauer)

An John Foster Dulles, Washington D.C.

*30. Januar 1955*

Sehr verehrter Herr Foster Dulles,

Ich danke Ihnen aufrichtig für Ihr ausführliches Schreiben vom 13. ds. Mts., von dem ich mit großem Interesse Kenntnis genommen habe.

Wenn die Parteien des Bundestags – ich darf sagen sehr zu meinem Bedauern – den Termin der zweiten Lesung der Verträge auf den 24. und 25. Februar verschoben haben, so liegt das ausschließlich an dem technischen Grunde, daß die gründliche Durcharbeitung des Vertragsstoffes und die Fertigstellung der notwendigen Ausschußberichte längere Zeit in Anspruch nehmen als das ursprünglich vorgesehen war. Wir werden also am 24. und 25. Februar die zweite Lesung haben, an die sich die dritte Lesung sofort anschließen soll; die Behandlung im Bundesrat wird unmittelbar folgen.

Ich habe keine Zweifel, daß in den Abstimmungen hinsichtlich der Frage der Souveränität, des Eintritts in die Westeuropäische Union und des Beitritts zu NATO gute Mehrheiten erzielt werden. Die Dinge liegen etwas anders beim Saarabkommen. Hier bestehen noch manche Schwierigkeiten. Die Sozialdemokratie ist selbstverständlich dagegen, aber auch innerhalb der Koalition gibt es noch starke Gruppen, die dem Saarstatut ablehnend gegenüberstehen. Ich hoffe, daß es in der Zwischenzeit gelingt, noch manche Abgeordnete der Koalition von der Notwendigkeit dieses Abkommens zu überzeugen, glaube aber, daß es nur mit geringer Mehrheit den Bundestag und Bundesrat passieren wird.
Sie waren so freundlich, mir zu sagen, daß Sie in diesen schwierigen Zeiten immer wieder daran denken, wie Sie der Bundesregierung den Weg für die Annahme der Verträge erleichtern könnten. Ich darf Ihnen hierfür herzlich danken. Zweifellos würde es eine günstige Wirkung haben, wenn die Verhandlungen über das deutsche Eigentum in den Vereinigten Staaten, die in den nächsten Tagen beginnen, einen raschen und positiven Abschluß finden würden. In dieser Hinsicht wäre es mir besonders wertvoll, wenn Präsident Abs, der Leiter der deutschen Delegation, bei den zuständigen amerikanischen Stellen Entgegenkommen finden würde.
Ein entscheidendes Problem bleibt aber die Frage des Verhältnisses zu Sowjetrußland, und hier bin ich besonders dankbar, mich mit Ihnen in Übereinstimmung zu wissen, wenn Sie in Ihrem Brief schreiben, daß neue Bemühungen zugunsten der deutschen Wiedervereinigung und einer

dauerhaften friedlichen Regelung der deutschen und österreichischen Frage unternommen werden können und müssen. Ich bin der Auffassung, daß eine Viererkonferenz unter keinen Umständen vor dem Inkrafttreten der Verträge angestrebt werden sollte. Ich verspreche mir wie Sie von Verhandlungen mit den Sowjets erst dann eine gewisse Erfolgschance, wenn das westliche Bündnissystem Tatsache geworden ist. Auf der anderen Seite erscheint es mir aber notwendig, daß wir rechtzeitig, das heißt unmittelbar nach Inkrafttreten der Verträge, eine Studiengruppe nach London berufen, in der Vertreter der Regierungen der Vereinigten Staaten, Großbritanniens, Frankreichs und der Bundesrepublik in einen gründlichen Gedankenaustausch über die Lösung der großen Probleme, insbesondere der Wiedervereinigung und eines Systems der kollektiven Sicherheit, eintreten. Nur eine sorgfältige Vorarbeit gibt uns die Möglichkeit, nach Inkrafttreten der Verträge mit der sowjetischen Regierung zunächst einen diplomatischen Meinungsaustausch in die Wege zu leiten, der schließlich zu einer Viererkonferenz führen kann.
Mir liegt auch im Hinblick auf die deutsche öffentliche Meinung sehr an der Aufnahme derartiger vorbereitender Arbeiten, die zu gegebener Zeit öffentlich angekündigt werden sollten. Die russischen Initiativen der letzten Wochen haben nicht vermocht, die deutsche öffentliche Meinung in ihrer Stellung zum Pariser Vertragswerk wankend zu machen. Es liegt mir aber daran, gegenüber den bisherigen und noch zu erwartenden Aktionen der sowjetischen Regierung der deutschen öffentlichen Meinung eindringlich vor Augen zu führen, daß die Westmächte entsprechend

den in den Pariser Verträgen niedergelegten Vereinbarungen mit allem Ernst und großer Energie die Lösung dieser für uns alle so dringenden Frage vorbereiten.
Ich möchte diese Zeilen nicht schließen, ohne Ihnen, sehr verehrter Herr Foster Dulles, erneut für die enge, vertrauensvolle und freundschaftliche Zusammenarbeit zu danken, die ich als einen der wertvollsten Faktoren unserer außenpolitischen Situation betrachte. Seien Sie versichert, daß ich alle Kräfte daran setzen werde, dieser Politik, die allein den Frieden erhalten und die ersehnte Entspannung zwischen Ost und West herbeiführen kann, die erforderliche Stabilität zu sichern.
Mit freundschaftlichen Grüßen und besten Wünschen stets

Ihr sehr ergebener
gez. Adenauer

AN NAHUM GOLDMANN, NEW YORK

*9. Februar 1955*

Sehr verehrter Herr Dr. Goldmann!

Den Brief, den Sie mir am 6. Februar 1955 als Präsident der CONFERENCE ON JEWISH MATERIAL CLAIMS AGAINST GERMANY geschrieben haben, habe ich mit lebhafter Anteilnahme gelesen. Mir sind die Klagen bekannt, zu denen besonders auch im Ausland der schleppende Gang der individuellen Wiedergutmachung Anlaß gegeben hat. So haben vor allem unsere Vertretungen in den Vereinigten Staaten wiederholt über die Enttäuschung berichtet, die in den Kreisen der Opfer der nationalsozialistischen Verfolgung herrscht. Ich bedaure die Verzögerungen lebhaft, die sich aus der verwaltungsmäßigen Belastung der zuständigen Behörden beinahe zwangsläufig ergeben haben. Ich möchte Sie auch bitten, nicht zu übersehen, was auf dem Gebiete der individuellen Wiedergutmachung bereits geleistet worden ist. So sind die Rückerstattungsverfahren gegen Privatpersonen und juristische Personen des bürgerlichen Rechts fast völlig abgeschlossen. Auf dem Gebiet der Rückerstattung müssen die gegen das frühere Deutsche Reich gerichteten Geldansprüche, worauf Sie mit Recht hinweisen, noch geregelt werden. Bei der Vorbereitung des Gesetzes sollen die Anregungen und Wünsche der Geschädigten so weit wie irgend möglich berücksichtigt werden. Wenn hierdurch auch die Vorarbeiten etwas längere Zeit als bei anderen Gesetzen in Anspruch nehmen, so werde ich doch bemüht sein, auf eine weitere Beschleunigung hinzuwirken.

Auf dem Gebiete der Entschädigung sind bis zum 30. September 1954 zunächst auf Grund der Ländergesetze, später auf Grund des Bundesergänzungsgesetzes insgesamt 888 192 148 DM gezahlt worden. Dazu kommen noch die Leistungen auf Grund verschiedener Einzelregelungen wie z. B. Bundesgesetz über die Wiedergutmachung für die Beamten des öffentlichen Dienstes, Regelung der Versorgung früherer jüdischer Gemeindebeamter und andere.

Die auch in Ihrem Schreiben behandelten Klagen über das Bundesergänzungsgesetz betreffen einerseits den Kreis der Anspruchsberechtigten und die Höhe der Leistungen, andererseits die schleppende Handhabung des Gesetzes.

5. Mai 1955: Proklamation zur Wiedererlangung der Souveränität

Hinterlegung der Pariser Verträge und Austausch der Ratifikationsurkunden, links: Frederick Hoyer Millar, in der Mitte André François-Poncet

Um in beiden Punkten schnelle und wirksame Verbesserungen zu schaffen, ist, wie Sie wissen werden, ein neuer Weg beschritten worden. Unter Beteiligung der verantwortlichen Bundesressorts, der obersten Wiedergutmachungsbehörden der Länder und der Parteien des Bundestages ist ein Arbeitskreis gebildet worden, der mit aller nur möglichen Beschleunigung eine Novelle zum BEG ausarbeitet. Es wird Ihnen bekannt sein, daß bei diesen Vorarbeiten die Verfolgtenverbände und auch die Vertreter der Claims Conference gehört werden.

Da der Bundestag in dem Arbeitskreis durch Vertreter der Koalition und der Opposition vertreten ist und die Länderregierungen durch ihre obersten Wiedergutmachungsbehörden ebenfalls beteiligt werden, ist sichergestellt, daß die Novelle dann in kürzester Zeit und jedenfalls noch vor Beginn der Sommerferien von Bundestag und Bundesrat verabschiedet werden kann.

Mit verbindlichen Grüßen

Ihr ergebener
gez. Adenauer

AN EUGEN GERSTENMAIER, BONN

*5. Mai 1955*

Sehr geehrter Herr Präsident!

Namens der Bundesregierung mache ich Ihnen, Herr Präsident, und damit dem Deutschen Bundestag folgende Mitteilung: Die Vertreter der Französischen Republik und des Vereinigten Königreiches haben um 12 Uhr die Urkunden über die Ratifizierung des Deutschland-Vertrages und des Truppenstationierungsvertrages hinterlegt. Da die Vereinigten Staaten und die Bundesrepublik Deutschland die Hinterlegung schon vorher vorgenommen hatten, sind die Verträge in Kraft getreten. Das Besatzungsregime ist damit beendet. Die Bundesrepublik Deutschland ist souverän!

Adenauer, Bundeskanzler

# Biographische Angaben zu den Briefempfängern

HERMANN JOSEF ABS (1901–1993), ab 1948 stellvertretender Vorsitzender des Verwaltungsrates der Kreditanstalt für Wiederaufbau, 1951–1953 deutscher Delegationsleiter bei der Londoner Schuldenkonferenz, 1957–1967 Vorstandssprecher der Deutschen Bank AG, 1967–1976 deren Aufsichtsratsvorsitzender.

GEORG ADENAUER (1931 geborener Sohn Adenauers), später zum Dr. jur. promoviert und als Notar in Schleiden/Eifel tätig

GUSSIE ADENAUER geb. ZINSSER (1895–1948), zweite Frau Adenauers (Heirat 1919), am 3. März 1948 an den Folgen ihrer Inhaftierung im Kölner Gestapo-Gefängnis Brauweiler (Herbst 1944) verstorben.

PAUL ADENAUER (1923 geborener Sohn Adenauers), später zum Dr. rer. pol. promoviert, 1963–1969 Direktor des Katholischen Zentralinstituts für Ehe- und Familienfragen e.V. (Köln), 1969–1976 Pfarrer in Schildgen.

MAURICE W. ALTAFFER, 1946–1950 amerikanischer Generalkonsul in Bremen.

ARMISTEAD L. BRADFORD (1898–1980), langjähriger Vizepräsident der United Press of America.

GOETZ BRIEFS (1889–1974), Prof. Dr. rer. pol., Wirtschaftswissenschaftler und Soziologe, lehrte in Würzburg (1922), Freiburg (1923–1926) und Berlin (1926–1934), 1934 in die USA emigriert, dort u.a. an den Universitäten Georgetown (1937–1962) und Columbia (Gastprofessur 1938–1949).

HEINRICH BRÜNING (1885–1970), Prof. Dr. phil., 1930–1932 Reichskanzler, 1931/32 Reichsaußenminister, ab 1934 im Exil, 1937–1952 Professor für öffentliche Verwaltung an der Harvard-Universität, 1951–1955 Professor in Köln, danach erneut in den USA.

ADOLF BUSCH (1891–1952), Violinist, Professor in Berlin (ab

1918) und Basel (ab 1927), 1939 in die USA emigriert. – Mit dem Schreiben vom August 1945 bemühte sich Adenauer auch um Kontaktaufnahme mit seinen Brüdern: Fritz Busch (1890–1951), Dirigent, 1918–1922 Leiter der Stuttgarter Oper, 1922–1933 der Dresdener Oper, dann in Großbritannien, Nord- und Südamerika tätig; Hermann Busch (1897–1975), Violoncellist, 1923–1927 bei den Wiener Symphonikern, lehrte 1927–1929 an der Folkwangschule in Essen, 1935 in die USA emigriert.

Frans van Cauwelaert (1880–1961), belgischer Politiker der Katholischen Partei bis 1945, der Christlich-Sozialen Partei ab 1945, 1939–1954 Präsident der belgischen Abgeordnetenkammer.

Sir Winston L. S. Churchill (1874–1965), 1940–1945 und 1951–1955 britischer Premierminister, 1945-1951 Oppositionsführer im Unterhaus.

Bernhard Custodis (1867–1951), Dr. jur. can., ab 1910 Pfarrer an der Elisabeth-Kirche Bonn.

Ada Deichmann (geb. 1886), Ehefrau des Kölner Bankiers Karl Deichmann, Mutter der Ehefrau des 1945 hingerichteten Widerstandskämpfers Helmuth James Graf von Moltke, Freya von Moltke, 1909–1918 städtische Armenpflegerin in Köln, nach 1945 vorübergehend in Südafrika ansässig.

August Dresbach (1894–1968), Dr. phil., Redakteur der „Kölnischen Zeitung“ (1925–1939) und der „Frankfurter Zeitung“ (1941–1943), 1945–1951 Landrat in Gummersbach, 1949–1965 MdB (CDU).

John Foster Dulles (1888–1959), 1946–1950 Delegierter der USA bei den Vereinten Nationen, 1953–1959 Außenminister.

Hugo Efferoth (1889–1946), sozialdemokratischer Journalist und Politiker, vor 1933 Redakteur der „Rheinischen Zeitung“, 1934 nach Prag, 1939 nach Bolivien emigriert.

Dwight D. Eisenhower (1890–1969), 1943–1945 Oberkommandierender der Invasionsstreitkräfte in Europa, 1945 Oberbefehlshaber der amerikanischen Besatzungstruppen in Deutschland, 1945–1947 Generalstabschef des Heeres, 1950–1952 Oberkommandierender der NATO-Streitkräfte, 1953–1961 Präsident der USA.

ANTON EISENREICH, nach 1945 Lizenzträger des Kölner Schaffstein-Verlages für Schulliteratur und populärwissenschaftliches Schrifttum.

LUDWIG ERHARD (1897–1977), Prof. Dr. rer. pol., 1945/46 bayerischer Staatsminister für Handel und Gewerbe, 1948/49 Direktor der Verwaltung für Wirtschaft des Vereinigten Wirtschaftsgebietes, 1949–1977 MdB (CDU), 1949–1963 Bundeswirtschaftsminister (ab 1957 Stellvertreter des Bundeskanzlers), 1963–1966 Bundeskanzler, 1966/67 CDU-Bundesvorsitzender.

HEDWIG FINGER (1899–1974), ab 1924 Mitglied der internationalen Friedensbewegung, Politikerin des Zentrums bis 1933 und der CDU ab 1945, 1946–1954 MdL in Nordrhein-Westfalen.

ANDRÉ FRANÇOIS-PONCET (1887–1978), französischer Botschafter in Berlin (1931–1938), Rom (1938–1940) und Bonn (1953–1955), dort zuvor Hoher Kommissar (1949–1953).

JOHN HENRY FREEMAN (1888–1964), britischer Journalist, seit 1926 für „The Times" tätig, 1946–1949 Korrespondent in Berlin, ab 1949 in Bonn.

MARIA PIA GRÄFIN VON FÜRSTENBERG-HERDRINGEN (1869–1959), Tochter des führenden Zentrumspolitikers Friedrich Graf Praschma, Freiherr von Bilkau (1833–1909).

EUGEN GERSTENMAIER (1906–1986), Dr. theol. habil., 1945 bis 1951 Gründer und Leiter des EKD-Hilfswerks, 1949–1969 MdB (CDU), 1954–1959 Präsident des Deutschen Bundestages, 1956–1969 stellvertretender CDU-Vorsitzender.

NAHUM GOLDMANN (1894–1982), 1949–1977 Präsident des Jüdischen Weltkongresses, ab 1951 zugleich Vorsitzender der von ihm gegründeten Claims Conference, maßgeblich am Zustandekommen des Luxemburger Wiedergutmachungs-Abkommens der Bundesrepublik mit Israel (10. August 1952) beteiligt, 1956–1968 Präsident der Zionistischen Weltorganisation.

ELISE GOLDSCHMIDT-GROMEIER, 1933 mit ihrem Mann HERMANN GOLDSCHMIDT in die Niederlande emigriert, dort am Aufbau von Hilfsorganisationen für NS-Verfolgte beteiligt, versorgte nach 1945 Adenauer mit Nahrungsmitteln und Informationsmaterial.

ROBERT GRAHAM, maßgeblich an den Europasendungen der BBC während des Zweiten Weltkrieges beteiligt, nach 1945 Leiter der Sendereihe „German talks" der BBC.

WILHELM HEILE (1881–1969), 1919–1924 MdR (DDP), 1945/46 Mitbegründer und erster Präsident der FDP in der britischen Zone, 1946 stellvertretender Ministerpräsident des Landes Hannover, 1946–1951 MdL in Niedersachsen (ab 1947 für die Niedersächsische Landespartei bzw. die aus ihr hervorgegangene DP), 1948/49 Mitglied des Parlamentarischen Rates.

DANNIE N. HEINEMAN (1872–1962), amerikanischer Industrieller deutsch-jüdischer Abstammung, 1905–1955 Generaldirektor des belgischen Elektrokonzerns Sofina (Société Financière de Transports et d'Entreprises Industrielles, einer über zahlreiche Länder gestreuten Beteiligungsgesellschaft großer Bankhäuser und Industrieunternehmen), 1907 erstmals mit Adenauer zusammengetroffen, ihm dann bis zum Tode in enger Freundschaft verbunden. – Die Auszüge aus der ungewöhnlich intensiven Korrespondenz werden in diesem Band auch mit einem Brief an seinen Sohn Stephen ergänzt.

GUSTAV HEINEMANN (1898–1976), Dr. jur. et rer. pol., 1946–1949 Oberbürgermeister von Essen, 1947/48 Justizminister von Nordrhein-Westfalen, 1949/50 Bundesminister des Innern (als CDU-Politiker), 1966–1969 Bundesjustizminister (als SPD-Politiker), 1969–1974 Bundespräsident.

THEOPHIL HERDER-DORNEICH (1898–1987), Dr. jur., 1937–1962 Verlags- und Geschäftsleiter des Herder Verlags, 1948 Präsident des Deutschen Katholikentags.

THEODOR HEUSS (1884–1963), Dr. rer. pol., 1920–1933 an der Deutschen Hochschule für Politik, 1924–1928 und 1930–1933 MdR (DDP bzw. DStP), 1945/46 Kultminister von Württemberg-Baden, 1948/49 FDP-Vorsitzender und Mitglied des Parlamentarischen Rates (Fraktionsvorsitzender), 1949–1959 Bundespräsident.

FRANZ ROBERT INGRIM (1895–1964), Dr. .jur., amerikanischer Publizist österreichischer Herkunft, 1938–1947 in der Emigration (Großbritannien, Kanada, USA), ab 1947 in der

Schweiz wohnhaft, von dort aus an den außen- und sicherheitspolitischen Diskussionen der Adenauerzeit beteiligt.

JOSEF JOOS (1878–1965), 1919–1933 MdR (Zentrum), langjähriger Schriftleiter der „Westdeutschen Arbeiterzeitung", 1941–1945 im Konzentrationslager Dachau, ab 1949 langjähriger Vorsitzender der Gemeinschaft der katholischen Männer (Fulda) und Präsident des Alterswerks der Katholiken Deutschlands.

JAKOB KAISER (1888–1961), ab 1918 Geschäftsführer des Gesamtverbandes der christlichen Gewerkschaften Deutschlands, 1933 MdR (Zentrum), 1945–1947 Mitbegründer und Vorsitzender der CDU in Berlin und in der SBZ, im Dezember 1947 von der sowjetischen Militäradministration abgesetzt, 1949–1957 Bundesminister für gesamtdeutsche Fragen, 1949–1958 Vorsitzender der Christlich-Demokratischen Arbeitnehmerschaft (CDA).

ADOLF KASCHNY (1881–1951), 1924–1933 Oberbürgermeister von Ratibor und Mitglied des Preußischen Staatsrates (Präsident: Adenauer), 1946–1948 Abteilungsleiter beim Zentralamt für Arbeit der britischen Zone in Lemgo.

JAKOB KINDT-KIEFER (1905–1978), Dr. phil. et jur., aus dem Saarland gebürtiger Schriftsteller, ab 1935 in der Emigration in der Schweiz, 1945/46 Vorstandsmitglied der Arbeitsgemeinschaft „Das demokratische Deutschland", 1946 Mitbegründer der „Vereinigung Christlich-Demokratisches Deutschland in der Schweiz".

SIR IVONE A. KIRKPATRICK (1897–1964), 1948–1950 Leiter der Deutschland-Abteilung im Foreign Office (dort 1953–1957 Unterstaatssekretär), 1950–1953 Hoher Kommissar Großbritanniens in der Bundesrepublik.

MARY KÖRNER (gebürtige Irin; ansässig in Lindenfels/Odenwald) nahm, soweit im Adenauer-Nachlaß nachweisbar, nur einmal, im Januar 1951, brieflichen Kontakt mit Adenauer auf, dies unter Berufung auf ihre „enge Freundschaft mit Ihrer lieben Schwester Lilly [Suth; 1879–1950] und Ihrem Schwager Herrn Dr. [Willy] Suth [1881–1956; 1946–1953 Oberstadtdirektor von Köln]". – Der Brief an Frau Körner wurde stellvertretend für die umfangreiche Korrespondenz Adenauers mit zeitgeschichtlich unbekannten Personen in die Auswahl aufgenommen.

Hertha Kraus (1897–1968), Prof. Dr. rer. pol., leitete 1923–1933 das Wohlfahrtsamt der Stadt Köln, 1933 in die USA emigriert, dort Professor of Social Economy an der Frauen-Universität Bryn Mawr, nach 1945 führend an der Durchführung von Hilfsmaßnahmen für Deutschland beteiligt.

Paul Löbe (1875–1967), 1919/20 Mitglied der Nationalversammlung (SPD), 1920–1933 MdR (1920–1924 und 1925–1932 Reichstagspräsident), 1948/49 Berliner Vertreter im Parlamentarischen Rat, 1949–1953 MdB (eröffnete die konstituierende Sitzung am 7. 9. 1949 als Alterspräsident).

John J. McCloy (1895–1989), Dr. jur., amerikanischer Politiker, 1941–1945 Unterstaatssekretär im Kriegsministerium, 1947 Präsident der Weltbank, 1949–1952 Hoher Kommissar in Deutschland, 1953–1965 wieder in der Wirtschaft tätig, 1961 Leiter der zentralen Abrüstungsbehörde.

Lucy Millowitsch (1913–1990), Schauspielerin, mit ihrem Bruder Willy (geb. 1909) Theaterleiterin der Kölner Millowitsch-Bühne, seit 1944 im persönlichen Kontakt mit Adenauer.

Alfred Mozer (1905–1980), Journalist und sozialdemokratischer Politiker, 1933 in die Niederlande emigriert, Auslandssekretär der 1946 gegründeten „Partei der Arbeit“, maßgeblich an der Kontaktaufnahme mit den westdeutschen Nachkriegsparteien beteiligt, 1958–1970 Kabinettschef des Vizepräsidenten der EWG/EG-Kommission, Sicco Mansholt.

Hans Müller, nach 1945 führender Funktionär des Kohlenhändlerverbandes der Nordrheinprovinz, durch verwandtschaftliche Beziehungen nach England im persönlichen Kontakt mit Beamten des britischen Ernährungsministeriums, versorgte Adenauer mit ausländischem Pressematerial.

Erich Ollenhauer (1901–1963), 1928–1933 Vorsitzender des Verbandes der Sozialistischen Arbeiterjugend Deutschlands, nach 1933 in der Emigration, 1946–1952 stellvertretender Vorsitzender der SPD, 1952–1963 deren Vorsitzender, 1949 Mitglied des Parlamentarischen Rates, 1949–1963 MdB (ab 1952 Fraktionsvorsitzender).

ROBERT PFERDMENGES (1880–1962), Dr. rer. pol. h.c., 1931 bis 1955 Teilhaber des Privat-Bankhauses Sal. Oppenheim jr. & Cie, 1950–1962 MdB (CDU), Vorstandsmitglied von Fraktion und Bundespartei, finanz- und wirtschaftspolitischer Berater von Bundeskanzler Adenauer.

JULIAN ITO PIGGOTT (1888–1965), 1920–1925 britischer Kommissar der Interalliierten Rheinlandkommission (mit Sitz in Köln), danach in der Industrie, 1940–1944 in Diensten der Ressorts für Flugzeugindustrie und Kriegserzeugung, nach 1950 Vorsitzender der Anglo German Association.

RIA REINERS (1912–1998; Tochter Adenauers), seit 1937 mit dem Fabrikanten Dr.-Ing. Walter Reiners (1908–1980) verheiratet.

JOHANNES RINGS (1856–1950), Kölner Journalist und Zentrumspolitiker, 1900–1933 Mitglied der Stadtverordnetenversammlung, 1919–1931 Parteivorsitzender in Köln, 1922 bis 1932 Chefredakteur des „Kölner Lokalanzeigers“ bzw. der „Rheinischen Volkswacht“.

GERHARD RITTER (1888–1967), Prof. Dr. phil., Historiker, Ordinarius für Moderne Geschichte an den Universitäten Hamburg (1924/25) und Freiburg (1925–1956; 1944/45 in Gestapo-Haft).

HANS RÖRIG (1891–1984), Dr. phil., 1915–1945 Redakteur der „Kölnischen Zeitung“, 1928–1939 deren Auslands-Korrespondent in London, dort 1931–1939 Vizepräsident der Foreign Press Association, 1946–1956 Herausgeber und Chefredakteur der „Neuen Illustrierten“.

KARL SCHARNAGL (1881–1963), Dr. med. h. c., 1925–1933 Oberbürgermeister von München, 1933 zurückgetreten, wie Adenauer im Mai 1945 wieder im alten Amt (bis 1948), Mitbegründer der CSU.

HANS SCHLANGE-SCHÖNINGEN (1886–1960), Dr. h.c., 1924–1930 MdR, 1931/32 Reichskommissar für die Osthilfe und Reichsminister ohne Geschäftsbereich in der Regierung Brüning, ab 1945 führender Vertreter der norddeutschen CDU, 1947–1949 Direktor für Ernährung, Landwirtschaft und Forsten des Vereinigten Wirtschaftsgebietes, 1950–1953 Generalkonsul, 1953–1955 Botschafter in London.

Maria Schlüter-Hermkes (1889–1971), Schriftstellerin, mit ihrem Mann Johannes Schlüter (1878–1951) im nachbarschaftlichen Kontakt zu Adenauer in Rhöndorf, war 1945/46 an seinen ersten programmatischen Arbeiten für die CDU beteiligt.

Hans Schmitt, als Pseudonym Hans Schmitt-Rost (1901–1978), Dr. rer. pol., 1933–1942 Redakteur der „Kölnischen Zeitung“ und des „Kölner Stadt-Anzeigers“, 1945–1966 Leiter des Nachrichten- und Presseamtes der Stadt Köln.

Karl Ludwig Schmitz, Dr. med., Internist und Psychologe, langjähriger Vorkriegsbekannter Adenauers (erster Kontakt bei einer Hochzeit 1899 in Köln).

Wim J. Schmitz (1907–1977), Dr. rer. oec., niederländischer Kaufmann, seit seiner Kölner Studienzeit in den 1920er Jahren der Familie Adenauer freundschaftlich verbunden, nach 1949 Kontaktperson des Bundeskanzlers in den Niederlanden.

Heinrich Schrömbgens (1874–1956), Dr. jur., Rechtsanwalt, Studienfreund Adenauers, ab 1902 beim Oberlandesgericht Köln, 1912–1944 beim Reichsgericht Leipzig, gehörte bis 1933 der Zentrumspartei an, 1948 beim Obersten Gerichtshof für die britische Zone, ab 1950 beim Bundesgerichtshof Karlsruhe.

Robert Schuman (1886–1963; geb. in Luxemburg als Sohn lothringischer Eltern, bis 1919 deutscher, ab 1919 französischer Staatsbürger), 1947/48 französischer Ministerpräsident, 1948–1952 Außenminister, gab den entscheidenden Gründungsimpuls für die 1950 ins Leben gerufene Montanunion, 1955 Präsident der Europäischen Bewegung, 1958–1960 erster Präsident des Europäischen Parlaments.

Paul Silverberg (1876–1959), Dr. jur., rheinischer Braunkohlen-Industrieller, 1908–1926 Vorstandsvorsitzender der Rheinischen AG für Braunkohlenbergbau und Brikettfabrikation, 1919–1933 Präsidiumsmitglied des Reichsverbandes der Deutschen Industrie, 1934 in die Schweiz emigriert.

William F. Sollmann (1881–1951), 1918–1924 Fraktionsvorsitzender der SPD im Kölner Stadtrat, 1919–1933 MdR, 1923 Reichsminister des Innern im Kabinett Stresemann, nach 1933 in die USA emigriert, 1943 amerikanischer Staatsbürger.

Heinrich Weitz (1890–1962), Dr. jur., Oberbürgermeister von Trier (1927–1933) und Duisburg (1945–1947), 1947–1951 nordrhein-westfälischer Finanzminister (CDU), Kontaktmann Adenauers in der Regierung Arnold.

Helene Wessel (1898–1969), Politikerin des Zentrums bis 1933 und ab 1945 (1949–1951 Parteivorsitzende), 1952 Mitbegründerin der Gesamtdeutschen Volkspartei, 1957 der SPD beigetreten, 1949–1953 und 1957–1969 MdB.

Alois Zimmer (1896–1973), Dr. jur., 1945 Mitbegründer der CDU in Rheinland-Pfalz, dort 1951–1957 Innen- und Sozialminister, 1957–1965 MdB, langjähriges Bundesvorstandsmitglied der CDU.

# Leitfaden zur Adenauer-Biographie

Zur besseren Orientierung werden die Daten des in diesem Band erfaßten Zeitraums 1945–1955 vollständiger wiedergegeben.

1876 Geboren am 5. Januar in Köln als drittes von fünf Kindern des Sekretärs am Appellationsgericht (heute Oberlandesgericht) Köln und späteren Kanzleirats Johann Konrad Adenauer (1833–1906) und seiner Frau Helene geb. Scharfenberg (1849–1919). Geschwister: August (1872–1952), Johannes (1873–1937), Lilli (1879–1950) und Elisabeth (bald nach der Geburt 1882 gestorben)

1894 Abitur am Apostelgymnasium in Köln (5. März)

1894–1897 Studium an den Universitäten Freiburg, München und Bonn

1897 1. juristisches Staatsexamen

1901 2. juristisches Staatsexamen; Assessor in Köln

1903–1905 Vertreter des Rechtsanwalts beim Oberlandesgericht Köln, Justizrat Hermann Kausen

1904 Heirat mit Emma geb. Weyer (1880–1916) am 28. Januar; Kinder: Konrad (1906–1993), Max (*1910) und Ria (1912–1998)

1906 Wahl zum Beigeordneten der Stadt Köln (7. März)

1909 Ernennung zum Ersten Beigeordneten (22. Juli), damit Erster Stellvertreter des Oberbürgermeisters

1916 Tod von Emma Adenauer (6. Oktober)

1917 Wahl zum Oberbürgermeister durch die Kölner Stadtverordneten-Versammlung (18. September); Verleihung des Titels Oberbürgermeister durch Erlaß des Königs von Preußen (21. Oktober)

1917–1933 Mitglied im Provinziallandtag und im Provinzialausschuß der Rheinprovinz (1918–1932 Ausschußvorsitzender)

1918 Ernennung zum Mitglied des Preußischen Herrenhauses (12. Februar); vom Arbeiter- und Soldatenrat mit der

„Aufrechterhaltung von Ruhe und Ordnung" in Köln beauftragt (8. November)

1919 Vorschlag zur Bildung eines westdeutschen Bundesstaates im Verband des Deutschen Reiches (1. Februar); Heirat mit Gussie geb. Zinsser (1895–1948) am 25. September; Kinder: Ferdinand (*1920, kurz nach der Geburt gestorben), Paul (*1923), Lotte (*1925), Libet (*1928) und Georg (*1931)

1921 Kandidat für das Amt des Reichskanzlers (9./10. Mai)

1921–1933 Präsident des Preußischen Staatsrats (erstmals gewählt am 7. Mai 1921; alljährliche Wiederwahl bis zum 18. Januar 1933)

1922 Präsident des 62. Deutschen Katholikentages (27.–30. August, München)

1924 Eröffnung der Kölner Messe in Anwesenheit von Reichspräsident Friedrich Ebert (11. Mai)

1926 Mitternachtsansprache auf dem Kölner Domplatz aus Anlaß der Räumung des Rheinlands von britischer Besatzung (31. Januar/1. Februar); Verhandlungen in Berlin zur Übernahme des Reichskanzleramtes (14. Mai)

1928 Eröffnung der Internationalen Presseausstellung PRESSA (12. Mai)

1929 Wiederwahl zum Oberbürgermeister von Köln (17. Dezember)

1930 Grundsteinlegung der Kölner Fordwerke (2. Oktober)

1933 Entlassung als Oberbürgermeister durch die Nationalsozialisten (13. März); Einleitung eines Dienststrafverfahrens (4. April, am 4. Juni 1934 eingestellt); Asyl in der Benediktinerabtei Maria Laach (26. April 1933–26. April 1934)

1934 Umzug mit der Familie nach Potsdam-Neubabelsberg (1. Mai, dortiger Aufenthalt bis zum 25. April 1935); Verhaftung durch die Gestapo nach dem „Röhm-Putsch" (30. Juni–2. Juli)

1935 Umzug nach Rhöndorf (1. Mai); Ausweisung aus dem Regierungsbezirk Köln (20. August 1935–8. April 1936)

1937 Fertigstellung des Wohnhauses am Rhöndorfer Zennigsweg (Dezember)

1939 Nennung in der „Erfassung führender Männer der Systemzeit“ durch den Reichsführer-SS und Chef des Sicherheitshauptamtes

1944 Hausdurchsuchung durch den Sicherheitsdienst Bonn (23. Juli); Verhaftung durch die Gestapo und Einlieferung in das „Arbeitserziehungslager“ auf dem Kölner Messegelände (23. August–4. September); nach Flucht in den Westerwald Haft in der Strafanstalt Brauweiler (25. September–26. November)

1945 Erster Kontakt zu amerikanischen Besatzungsoffizieren in Rhöndorf (16. März); Wiedereinsetzung als Oberbürgermeister von Köln durch die amerikanische Militärregierung (4. Mai); „... his name is Number one of the White List for Germany“ (Charakterisierung in einem internen Schreiben der amerikanischen Militärverwaltung vom 8. Mai); vorbereitende Gespräche mit nordwestdeutschen Politikern im Kloster Hiltrup bei Münster zur Neugründung einer bürgerlichen Partei (Juli); Wahl in den Rat der Vorsitzenden der Christlich-Demokratischen Partei des Rheinlandes (2. September, Beteiligung an Vorstandssitzungen am 18. September/4. Oktober); Ansprache vor der Kölner Stadtverordneten-Versammlung bei ihrer ersten Sitzung nach Ernennung durch die britische Militärregierung (1. Oktober); Gespräch mit ausländischen Pressevertretern über die zukünftige Gestaltung Deutschlands (5. Oktober); Entlassung als Oberbürgermeister und Verbot der politischen Betätigung durch den britischen Brigadier John Barraclough (6. Oktober); Denkschrift „Meine Einstellung zur außenpolitischen Lage“ (31. Oktober); offizielle Rehabilitierung und Aufhebung der Verbote durch die britische Militärregierung in Düsseldorf (14. Dezember); Teilnahme an der Ersten Reichstagung der CDU in Bad Godesberg (14.–16. Dezember)

1946 Wahl zum Sprecher der rheinischen Mitglieder des CDU-Zonenausschusses (8. Januar); erneute Wahl in den Landesvorstand der CDU Rheinland (21. Januar); erste Tagung des CDU-Zonenausschusses in Herford, vorläufige Wahl zum 1. Vorsitzenden (21./23. Januar); Wahl zum Vorsitzenden des CDU-Landesverbandes Rheinland in Krefeld-Uerdingen (5. Februar) und der CDU der britischen Besatzungszone in Neheim-Hüsten, Verabschiedung des von ihm entworfenen Programms (1. März); Mitglied des Zonenbeirates für die britische Besatzungszone in Hamburg (ab 6. März) und des Provinzialrates der Nordrheinprovinz (ab 22. März); Grundsatzrede in der Aula der Kölner Universität, u.a. zum Aufbau der „Vereinigten Staaten von Europa" (24. März); Teilnahme an einer Besprechung führender CDU/CSU-Politiker in Stuttgart (3. April); Flugreise nach Berlin (15. Juli) zwecks Information über die Schaffung des Landes Nordrhein-Westfalen (die durch britische Verordnung vom 23. August erfolgt); Teilnahme an der vorbereitenden Sitzung der CDU/CSU-Arbeitsgemeinschaft in Königstein/Taunus (27./28. August); Abgeordneter des ernannten nordrhein-westfälischen Landtags (ab 2. Oktober, CDU-Fraktionsvorsitzender)

1947 Teilnahme an der Tagung des CDU-Zonenausschusses in Ahlen (1.–3. Februar, „Ahlener Programm" zur Sozial- und Wirtschaftspolitik) und an der konstituierenden Sitzung der CDU/CSU-Arbeitsgemeinschaft in Königstein/Taunus (5./6. Februar); erste nordrhein-westfälische Landtagswahlen; erfolgreiche Kandidatur im Wahlkreis Siegkreis Süd: 52,3% (20. April); Erholungsreise in die Schweiz (11. Juni–16.Juli); Rede vor der CDU/CSU-Fraktion des Wirtschaftsrates der Bizone in Frankfurt/Main (21. Juli, nach konstituierender Sitzung des Wirtschaftsrates am 25. Juni.); Parteitag der CDU der britischen Zone in Recklinghausen, Bestätigung im Parteivorsitz (14./15. August)

1948 Teilnahme am 2. Kongreß der Nouvelles Equipes Internationales in Luxemburg (29. Januar–1. Februar); Tod von Gussie Adenauer (3. März); erste Teilnahme an einer Genfer Sitzung führender europäischer Christdemokraten (21./22. März); Teilnahme am Europa-Kongreß in Den Haag (7.–11. Mai), erste Begegnung mit Winston Churchill; Teilnahme an der letzten Tagung des Zonenbeirates in Hamburg (29. Juni); erstes Nachkriegstreffen mit Heinrich Brüning in Köln (August); Wahl zum Präsidenten des Parlamentarischen Rates (1. September); Teilnahme am Kongreß der Europäischen Parlamentarischen Union in Interlaken und an der Weltkonferenz der Moralischen Aufrüstung in Caux (ab 2. September); Treffen mit dem französischen Außenminister Robert Schuman in Bassenheim (Anfang Oktober)

1949 Berner Rede vor der schweizerischen Gruppe der Interparlamentarischen Union zur Situation Deutschlands seit 1945 (23. März); Aufenthalt in Frankfurt/Main, bei dem die Militärgouverneure ihr Einverständnis mit der Neufassung des Grundgesetzes mitteilen (25. April); Treffen mit dem britischen Außenminister Ernest Bevin in Melle (9. Mai); Besuch Berlins an der Spitze einer Delegation des Parlamentarischen Rates (12. Mai); verkündet das Grundgesetz für die Bundesrepublik Deutschland (23. Mai); Teilnahme an einer Tagung der Europäischen Parlamentarischen Union in Straßburg (3. Juli); Pressekonferenz in Düsseldorf zur Verkündung der Düsseldorfer Leitsätze der CDU zur Wirtschafts- und Sozialpolitik (15. Juli); Rede zur Eröffnung des Bundestagswahlkampfes in Heidelberg (21. Juli); Wahlen zum Ersten Deutschen Bundestag; erfolgreiche Kandidatur im Wahlkreis Bonn: 54,9 % (14. August); Rhöndorfer Konferenz zu Regierungsbildung und Kanzlerwahl (21. August); Wahl und Ernennung zum Bundeskanzler, bildet sein erstes Kabinett einer Koalitionsregierung aus CDU/CSU, FDP und DP (15. September); erste Regierungserklärung, Konstituierung der Bundesregierung (20. September); Inkrafttreten des Besatzungsstatuts, Ablösung der Militärgouverneure durch die drei Hohen Kommissare der Westmächte (21. September); Treffen mit dem amerikanischen Außenminister Dean Acheson in Bonn (11.–14. November); Unterzeichnung des Petersberger Abkommens (22. November); Interview mit dem „Cleveland Plain

Dealer“: Bereitschaft zu einem deutschen Beitrag für eine europäische Streitmacht (3. Dezember)

1950 Treffen mit Robert Schuman in Bonn (13.–15. Januar); Interview mit Joseph Kingsbury-Smith: Anregung für eine politische Union zwischen Deutschland und Frankreich (7. März); erster Besuch Berlins als Bundeskanzler (16.–18. April); Briefwechsel mit Robert Schuman vor Bekanntgabe des Schuman-Plans, die am 9. Mai 1950 in Paris und Bonn erfolgt (7./8. Mai); Treffen mit Jean Monnet in Bonn (23. Mai); Urlaub auf dem Bürgenstock (13. Juli–11. August); Beitritt der Bundesrepublik Deutschland zum Europarat (7. August); Memoranden „Über die Sicherung des Bundesgebietes nach außen und innen“ und „Zur Frage der Neuordnung der Beziehungen der Bundesrepublik Deutschland zu den Besatzungsmächten“ (29. August); Unterrichtung durch die Alliierte Hohe Kommission über die Ergebnisse der New Yorker Außenministerkonferenz vom 12.–14. und 16.–18. September 1950 (23. September); 1. Bundesparteitag der CDU in Goslar, Wahl zum 1. Vorsitzenden (20.–22. Oktober); Regierungserklärung zum Verteidigungsbeitrag der Bundesrepublik (8. November)

1951 Treffen mit General Dwight D. Eisenhower in Bad Homburg (22. Januar); erste Revision des Besatzungsstatuts (6. März); übernimmt auch das Amt des Außenministers (15. März 1951–6. Juni 1955); besucht während der ersten offiziellen Auslandsreise als Außenminister Frankreich (11.–19. April); unterzeichnet gemeinsam mit den Außenministern Belgiens, Frankreichs, Italiens, Luxemburgs und der Niederlande den Vertrag über die Gründung der Europäischen Gemeinschaft für Kohle und Stahl (18. April); Aufenthalt in Straßburg aus Anlaß der Aufnahme der Bundesrepublik in den Europarat (2.–4. Mai); besucht während der ersten offiziellen Auslandsreise als Bundeskanzler Italien (14.–23. Juni); Urlaub auf dem Bürgenstock (17. Juli–17. August); Regierungserklärung zur „Haltung der Bundesrepublik gegenüber den Juden“ (27. September); 2. Bundesparteitag der CDU in Karlsruhe, Wiederwahl zum Vorsitzenden (18.–21. Oktober); trifft während eines Paris-Aufenthaltes (20.–23. November) mit den Außenministern der drei Westmächte zusammen, Zustimmung zum Entwurf des Deutschland- bzw. „Generalvertrages"; erster offizieller Besuch eines deutschen Regierungschefs in Großbritannien seit 1925 (3.–8. Dezember); nimmt in Straßburg und Paris an Außenministerkonferenzen der sechs an den EVG-Verhandlungen beteiligten Staaten teil (10.–12. Dezember bzw. 27.–31. Dezember)

1952 Trifft in London mit den Außenministern der drei Westmächte zusammen (17.–19. Februar); Teilnahme an der ersten Tagung des Evangelischen Arbeitskreises der CDU in Siegen (16. März), geht dort erstmals öffentlich auf die sowjetische Note vom 10. März 1952 ein; nimmt in Paris an einer Besprechung der Außenminister der Westmächte über die „Stalinnote" teil (20./21. März); eine jüdische Partisanenorganisation unternimmt einen Attentatsversuch gegen Adenauer, nach dem Beginn der israelisch-deutschen Wiedergutmachungsverhandlungen im niederländischen Wassenaar (27. März); Briefwechsel mit Bundespräsident Heuss über die Einführung der dritten Strophe des Deutschlandliedes als Nationalhymne (29. April/2. Mai); Unterzeichnung des Deutschlandvertrags über die Beziehungen der Bundesrepublik zu den drei Westmächten in Bonn (26. Mai); Unterzeichnung des Vertrages über die Gründung der Europäischen Verteidigungsgemeinschaft in Paris (27. Mai); hält sich in Paris auf, u.a. zu Verhandlungen mit Robert Schuman über die Saarfrage (22.–25. Juli); Urlaub auf dem Bürgenstock (27. Juli–1. September); unterzeichnet in Luxemburg gemeinsam mit dem israelischen Außenminister Moshe Sharett und dem Präsidenten der „Jewish Claims Conference", Nahum Goldmann, das Abkommen zwischen der Bundesrepublik Deutschland und Israel über die Wiedergutmachung an Juden (10. September); Besuch des italienischen Ministerpräsidenten Alcide De Gasperi in Bonn (21.–24. September); 3. Bundesparteitag der CDU in Berlin, Wiederwahl zum Vorsitzenden (17.–19. Oktober)

1953 Gespräche mit dem neuen amerikanischen Außenminister John Foster Dulles bei dessen erstem Bonn-Besuch (5./6. Februar); Außenminister-Konferenz der Montanunion-Länder in Rom (24./25. Februar); erster Besuch in den Vereinigten Staaten und in Kanada (6.–18. April); 4. Bundesparteitag der CDU in Hamburg, Wiederwahl zum Vorsitzenden (18.-22. April); kommt in London mit Winston Churchill zusammen (14./15. Mai); legt im Bundestag das „Programm der Wiedervereinigung" vor (10. Juni); besucht Berlin zur Teilnahme an der Trauerfeier für die Opfer des Volksaufstandes in Ostberlin und in der DDR am 16./17. Juni (23. Juni); Urlaub auf der Bühlerhöhe (6.–26. Juli, 18. September–3. Oktober); Wahlen zum 2. Deutschen Bundestag, erreicht im Wahlkreis Bonn einen Erststimmenanteil von 68,8 % (6. September); 2. Wiederwahl zum Bundeskanzler (9. Oktober); Vereidigung als Bundeskanzler, stellt sein zweites Kabinett einer Koalitionsregierung aus CDU/CSU, FDP, DP und GB/BHE vor (20. Oktober); Teilnahme an einer Konferenz der NATO- und EVG-Partner in Paris (11.–14. Dezember)

1954 Berliner Außenminister-Konferenz der vier Großmächte (25.1.–18. Februar); Reise nach Griechenland (9.–17. März) und in die Türkei (18.–25. März); 5. Parteitag der CDU in Köln, Wiederwahl zum Vorsitzenden (28.–30. Mai); Aufenthalt auf der Bühlerhöhe (22. Juli bis 16. August, 25. August–6. September); nimmt in Brüssel an Beratungen der sechs Außenminister der EVG-Staaten teil (18.–22. August); nach der Ablehnung des EVG-Vertrages durch die französische Nationalversammlung (30. August) Verhandlungen zur Aufnahme der Bundesrepublik in die NATO und WEU (Londoner Neunmächtekonferenz, 27. September bis 3. Oktober; Pariser Verträge, 19.–23. Oktober); Reise in die Vereinigten Staaten (26. Oktober–3. November)

1955 3. Lesung und Ratifizierung der Pariser Verträge im Bundestag (24.–27. Februar); die Bundesrepublik Deutschland wird souverän (5. Mai), Mitglied der WEU (7. Mai) und der NATO (9. Mai); Verhandlungen in Moskau (8.–14. September); Volksabstimmung an der Saar, Ablehnung des Saarstatuts (23. Oktober)

1956 Einberufung der ersten Bundeswehr-Einheiten (2. Januar); Einigung mit Frankreich über die Angliederung des Saarlands an die Bundesrepublik (4. Juni, Luxemburger Abkommen)

1957 Angliederung des Saarlands an die Bundesrepublik (1. Januar); Verabschiedung des Gesetzes über die Rentenreform (22. Januar); Unterzeichnung der „Römischen Verträge" zur Gründung von EWG und EURATOM (25. März); Wahl zum 3. Deutschen Bundestag, die CDU gewinnt die absolute Mehrheit (15. September); 3. Wiederwahl zum Bundeskanzler (22. Oktober)

1958 Erste Begegnung mit Staatspräsident de Gaulle (14./15. September); Berlin-Ultimatum Chruschtschows: Beginn der „Berlin-Krise" (27. November)

1959 Vom Wahlmännergremium der CDU/CSU zum Kandidaten für das Amt des Bundespräsidenten benannt (7. April, Rücknahme der Kandidatur am 5. Juni); Wahl Heinrich Lübkes zum Bundespräsidenten (1. Juli)

1960 Staatsbesuche in den USA und in Japan (12. März bis 1. April)

1961 Bau der Berliner Mauer (13. August); Wahlen zum 4. Deutschen Bundestag (17. September); 4. Wiederwahl zum Bundeskanzler (7. November)

1962 Staatsbesuch in Frankreich (2.–8. Juli); Staatsbesuch von Präsident de Gaulle in der Bundesrepublik (4.–9. September); Umbildung der Bundesregierung nach der „Spiegel-Affäre" (13. Dezember)

1963 Unterzeichnung des deutsch-französischen Vertrages („Elysée-Vertrag") in Paris (22. Januar); Staatsbesuch von Präsident Kennedy in der Bundesrepublik Deutschland (23.–26. Juni); Rücktritt als Bundeskanzler (15. Oktober)

1964 Aufnahme in Paris in die „Académie des sciences morales et politiques“ (9. November)

1965 Wahlen zum 5. Deutschen Bundestag (9. September); erster Band der „Erinnerungen“ (1945–1953) erscheint (12. Oktober)

1966 Rücktritt als CDU-Vorsitzender auf dem 14. Bundesparteitag in Bonn (21.–23. März); Besuch in Israel (2.–10. Mai)

1967 Letzte Auslandsreise, nach Madrid und Paris (14.–19. Februar); Tod Konrad Adenauers (19. April)

# Verzeichnis der Briefe

ADENAUER
RHÖNDORFER AUSGABE

Herausgegeben im Auftrag der Stiftung Bundeskanzler-Adenauer-Haus von Rudolf Morsey und Hans-Peter Schwarz
Bearbeitet von Hans Peter Mensing und Hanns Jürgen Küsters

Adenauer im Dritten Reich (1991);

Briefe 1945–1947 (1983);
Briefe 1947–1949 (1984);
Briefe 1949–1951 (1985);
Briefe 1951–1953 (1987);
Briefe 1953–1955 (1995);
Briefe 1955–1957 (1998);

Teegespräche 1950–1954 (1984);
Teegespräche 1955–1958 (1986);
Teegespräche 1959–1961 (1988);
Teegespräche 1961–1963 (1992);

Heuss – Adenauer. Der Briefwechsel 1948–1963 (1989);

Adenauer – Heuss. Unter vier Augen.
Gespräche aus den Gründerjahren 1949–1959 (1997).

Jeder Band hat einen Umfang von 650 bis 850 Seiten mit rund 100 Abbildungen und Faksimiles sowie im Anhang Anmerkungsteil, Quellen- und Literaturverzeichnis, außerdem Personen- und Sachregister.

„Adenauers Briefe und Aufzeichnungen geben viel von dem preis, was die Erinnerungen nur andeuten. Diese Briefe spiegeln mit den deutschen Lebens und Überlebensfragen ihrer Entstehungszeit auch die Antworten wider, die ein Mann gab, dessen historische Größe, je weiter der Abstand, unzweideutig hervortritt.“ Michael Stürmer

*Neue Zürcher Zeitung*

im
Siedler Verlag

Umwelthinweis:
Alle bedruckten Materialien dieses Taschenbuchs sind chlorfrei und umweltschonend.

Siedler Taschenbücher erscheinen im Goldmann Verlag, einem Unternehmen der Verlagsgruppe Bertelsmann.

1. Auflage Mai 1999

Satz: Bongé + Partner, Berlin
Umschlaggestaltung: Design Team München
Umschlagabbildung: Ullstein Bilderdienst, Berlin
Made in Germany 1999
ISBN 3-442-75560-3